本专著出版受到广东省普通高校青年创新人才类项目（2018WQNCX182）以及东莞理工学院科研启动专项经费项目（GC300501-151）的资助

话语事件中社会角色形象建构修辞批评研究

韩 健 著

九州出版社
JIUZHOUPRESS

图书在版编目（CIP）数据

话语事件中社会角色形象建构修辞批评研究／韩健著. --北京：九州出版社，2020. 11

ISBN 978-7-5108-9857-0

Ⅰ. ①话… Ⅱ. ①韩… Ⅲ. ①修辞学—研究 Ⅳ. ①H05

中国版本图书馆 CIP 数据核字（2020）第 230622 号

话语事件中社会角色形象建构修辞批评研究

作　　者　韩　健　著
出版发行　九州出版社
地　　址　北京市西城区阜外大街甲 35 号（100037）
发行电话　（010）68992190/3/5/6
网　　址　www. jiuzhoupress. com
电子信箱　jiuzhou@ jiuzhoupress. com
印　　刷　三河市华东印刷有限公司
开　　本　710 毫米×1000 毫米　16 开
印　　张　12
字　　数　150 千字
版　　次　2020 年 11 月第 1 版
印　　次　2020 年 11 月第 1 次印刷
书　　号　ISBN 978-7-5108-9857-0
定　　价　58. 00 元

目　录

CONTENTS

第一章 绪 论

本章对本书中的四个核心术语，即话语、社会角色、形象建构以及修辞批评进行了深入的阐释，在此基础上清楚地界定了本书的研究对象，论述了研究视角和研究意义。此外，说明了本研究的目标和主要内容，研究方法和行文结构，并对前人的相关研究进行了综述。

1.1 核心术语界定

1.1.1 话语

话语，指的是所有口头和书面的针对特定受众并赋予某社会产物以意义的活动（Phillips，Lawrence，Hardy，2004）。以色列学者阿多尼（Adoni）和曼因（Mane）把社会真实分为客观真实（objective reality）、符号真实（symbolic reality）以及主观真实（subjective reality），并分别对三种真实做了界定。其中，客观真实作为社会事件的原貌，是不容置疑的真实；符号真实（媒介真实）是运用符号来描述的真实，是对客观真实的符号表达；主观真实是主体认知层面的真实，是客观真实与符号真实投入脑海中所建构而成的真实。他们着重强调了三者之间互相影响的关系，指出符号真实和主观真实并非像镜子一样反映着客观真实，在一些情况下甚至还会对客观真实进行扭曲。显然，话语研究关注的是符号真实层面。

根据表征理论，表征的实践就是把各种概念、观念和情感在可被转达和阐释的符号形式中的具体化。表征的对象可以是具体的客观事物，比如天空、高山、大海；也可以是抽象的概念，比如自由、平等、博爱。正因为意义是被表征系统建构出来的，是表征的结果，所以意义具有流动性，它会发生变化，它可以被不同的表征系统所争夺，也正是这个原因，哲学界和话语学界才会有“漂浮的能指”这一命题。“表征意味着用语言向他人就这个世界说出某种有意义的话来，或有意义地表述这个世界。”①

主体在使用语言观察、认识、描述、评价客体的过程中往往会从某种特定的视角出发，自觉或者不自觉地携带着某种态度、看法。所以，语言其实并不是一种单纯的用来表达思维内容的中

---

① 郭晓科．政治传播教程［M］．北京：法律出版社，2015：42.

性工具，也不是具有确定意义的透明媒介，而是一直在以特定的结构和方式影响着主体对自我和外界的认识。“语言的使用不是对现实的简单反映而是对现实的建构。”① 因此，话语建构着符号世界，并通过这种建构影响着人们的主观世界，进而促使人们采取集体行动来改变客观世界。

1.1.2 社会角色

20 世纪 30 年代乔治·赫伯特·米德（Mead，George Herbert）首次将“角色”一词从戏剧领域移用到社会学领域。所谓社会角色，就是占据一定的社会位置并按照社会对这个位置的要求去行为的主体。主体即从事认识和实践活动的人、群体或组织；与主体相对应的客体即是主体认识和实践活动的客观对象，是主体以外的事物或人。

社会角色自然地涉及与“某种社会地位、身份相一致的一整套权利、义务的规范和行为模式”。② 发展至今，“社会角色”已不仅是连接微观个体与宏观社会的概念桥梁，探索个体行动与社会结构以及二者之间的相互作用的核心术语，而且是社会学家和社会心理学家十分热衷的研究领域，并以其为研究对象形成了过程角色理论、结构角色理论、认识角色理论、功能角色理论、组

① 黄敏．新闻话语中的言语表征研究［M］．上海：华东师范大学出版社，2012：34.
② 郑杭生．社会学概论新编［M］．北京：中国人民大学出版社，1987：126.

织角色理论和象征互动角色理论等不同的理论流派。

不论哪一个理论流派，从哪一个视角出发去开展研究，都无法否认社会角色的伦理属性。王娟、郄艳丽（2016）指出，社会角色蕴含着丰富的权利义务规范以及角色扮演的具体行为模式，因此社会角色和角色伦理具有社会治理的蕴涵和功能，作为一种独特的社会治理方式，角色伦理通过一套与角色身份和地位相契合的伦理行为模式，在社会治理过程中为社会行为提供行为规范、标准范式以及价值取向，通过权责定位协调各种利益关系，通过循名责实建构社会秩序。作为社会治理方式的一种尝试和创新，角色伦理治理方式具有鲜明的主体性和适然性。本书研究的是话语事件中的社会角色，话语事件本身也是社会治理的一个非常重要的方面，所以从本研究的主旨方面来考虑，本书主要也是从角色伦理的角度来审视社会角色的。

1.1.3 形象建构

形象是主体间性的产物。吴献举、张昆（2016）指出，从主体的角度出发，形象是主体在特定条件下对他人或客观事物的感觉、认识和评价；从客体的角度出发，形象是人或事物由其内在特点所决定的外在表现。所以作为一种主观对客观的反映，形象渗透着主体对客体的认识和评价，而不只是事物外形的简单表现，这种反映是建立在形象客体内在特点的基础之上的，是主观印象和客观存在的统一。因此形象作为一种关系现象是存在于主体与客体的关系之中的，是主体在特定的条件之下对客体由其内在特质所决定的外在表现的总体印象及评价。

本书研究的是话语事件中的社会角色形象的建构，是将社会角色的形象建构作为“结构主义理论中文本的一个构成单位”，① 所以这里的聚焦对象只集中于社会角色跟话语事件本身相关的这部分形象特征，这部分形象特征来自社会角色在话语事件中所处的地位和发挥的作用。而且，这里所研究的对社会角色的形象的建构都是由话语来实现的，而不包括其他的途径。赵莉华、石坚（2008）指出，聚焦者、聚焦行为、聚焦对象虽各成体系，但却相辅相成。同一聚焦对象在不同的聚焦者那里，聚焦情况很可能大不相同。因此研究聚焦者对聚焦对象的聚焦行为，有助于更为深刻地理解聚焦者及其与其他人物之间的关系，以揭示文本主题。

1.1.4　修辞批评

随着新修辞运动的出现，人文社会科学出现了“修辞转向”，修辞在社会现实文本化过程中的作用被重新理解，人们逐渐认识到，修辞不是简单地修饰文辞，而是“象征系统借以对信念、态

---

① 张梅．分裂的图景：住宅议题新闻的框架研究［M］．桂林：广西师范大学出版社，2015：118.

度和行为等产生影响的策略运用过程”,① 是主体间互动的基本方式，是意义生产和传播的关键环节。随着修辞的批判性转向的出现，人们不再以固有的集体无意识的方式来看待文本以及人对事物的认知方式、认知结果，而是用解构式的思维，真正地把对事物的主观建构以及知识传播作为修辞过程来审视，通过主体间的对话，来尽可能客观地对客体进行再认识、再思考。把修辞看作一个过程，全面解析这个过程中所有的要素、所有的细节，并思考和解答为什么会这样来解读事物。着重回答不同的认知主体是为什么，以及如何通过不同的修辞手段来对客观事物进行主体重构的，抑或是说对社会现实进行文本化的。修辞学也只有在真正实现了批判性转向之后才能够有效地破解文本当中所蕴藏的社会特征、认知特征，在不同的话语背后的权力关系和意识形态。修辞批评即是“对象征系统借以产生影响的策略运用过程所做的系统分析和评价”。②

① 袁影．修辞批评新模式构建研究［D］．上海：上海外国语大学，2008.
② 袁影．修辞批评新模式构建研究［D］．上海：上海外国语大学，2008.

1.2 研究对象、视角及意义

1.2.1 研究对象

题目是对全书研究的高度概括，题目中的核心词语标示着研究的焦点和覆盖的范围，上文中对四个核心术语的详细阐释有助于更加深刻而具体地界定本书的研究对象，即对话语事件中的社会角色进行形象建构这样一种修辞行为及其所形成的文本。话语分析中的两个核心问题就是话语内容和表达方法，后者就涉及对修辞策略的解析。本书集中研究的正是修辞者建构和传播了话语事件中的社会角色怎样的形象（即话语内容），是如何建构这种特定的形象（即表达方法），以及这种建构行为的深层动机、社会效果以及伦理属性。

1.2.2 研究视角

话语分析作为一个独立的学术研究领域诞生的标志是哈里斯（Harris）于 1952 年发表的《话语分析》（*Discourse Analysis*）一文，逐渐地经历了从语言本体研究向社会符号研究的视角转变

(Rekema, 2004)。符号学和功能主义角度的话语分析的主要目标就是揭示话语、修辞、交际效果之间的关系（Martin&White, 2005)。20 世纪 80 年代兴起的批评性话语分析以揭示文本之中折射的社会结构、意识形态以及权势关系为旨趣，将语篇构建的过程视为一种社会行为。本研究正是结合了社会符号、社会行为、语言本体三个方面的视角对话语事件中社会角色形象建构这样一种修辞行为及其所形成的文本展开分析和批评的。

1.2.3 研究意义

Jasinski, J. （2001）指出，从很多方面来看，批评是当代修辞学研究的核心任务。修辞批评本应是话语分析的一种重要方法，但是正如袁影（2008）所指出的那样，话语分析研究者和修辞批评研究者似乎都很少意识到这一点，修辞批评在话语分析中仍是一种较为陌生的方法，处于边缘性的地位，尤其在我国，对修辞批评的研究仍然较少。修辞批评视域下的话语分析跟其他方法视域下的话语分析之间存在着一些明显的差别：纯粹采用语言学方法进行的话语分析往往以结合篇章形式对语言的系统进行细致入微的描写和解释为旨趣，Van Dijk（2003）将之称作“文本语法”；采用心理学方法进行的话语分析致力于探寻语篇理解及生成的心理模型，具体包括篇章解读、存储、记忆等的过程和心理结构；采用符号学方法进行的话语分析以研究符号以及意指实践活动的规律作为旨趣，往往聚焦于语篇这个整体符号的总体意义。采用修辞批评方法进行的话语分析侧重的是对修辞策略的解构、分析和评价，作为社会实践的话语往往是以交际作为重要目的的，为实现交际目的，语篇的组织者会采取各种言辞策略，任何文本都不可避免地蕴含着语篇构建者的修辞策略，修辞策略的解构自然也就是话语分析的一个重要维度。对话语事件中的社会角色进行形象建构是一种特定的话语实践，也是一种社会实践，为了实现特定的修辞动机，修辞者会有意地运用各种修辞策略。因此修辞批评是一种较为独特的话语分析方法，对于提高修辞意识、促进有效交流具有不可取代的价值。本研究有助于展示修辞批评在话语分析中的独特理论价值以及强大的解释力，从而确立修辞批评在我国话语分析领域众多方法中的不可或缺的地位。

修辞批评作为一个研究领域，其繁荣发展有赖于批评模式的推陈出新和改造完善，本修辞批评模式的建立可以为其他新模式的构建以及已有模式的改进提供理论参照，有助于丰富修辞批评体系。此外，对话语事件的重新分类有利于拓宽话语事件研究的理论视野，丰富话语事件研究的维度，为舆论学、社会学和政治学的探索提供参考，由于角色伦理是一种独特的社会治理方式（王娟、郄艳丽，2016），对话语事件中的社会角色进行表征可以在一定程度上影响话语事件的发展，进而影响社会的进步，因此这一修辞批评模式也可为社会治理提供智力支持。对框架拆桥、框架限制、框架收缩、框架固化这四种框架策略的首次总结和提炼，有利于对话语内容和表达方法的解构和分析，也可为写作实践及其教学提供借鉴。对话语包理论的发展不仅有利于提高该理论的科学性和解释力，而且可以直接应用于话语分析实践，将话语包理论和系统功能语法以及评价理论等结合运用，有利于拓宽话语分析的方法体系。本修辞批评模式具有较强的针对性、本位性、可操作性和解释力，能够有效地揭示出修辞者的隐含意图，透视其分析对象的话语内容和表达策略并对其进行较为客观的评价，为对话语事件中的社会角色进行形象建构这一修辞行为提供参照。

1.3 研究目标及主要内容

1.3.1 研究目标

伯格（Berger）和拉克曼（Luckmann）倡导的社会建构理论强调知识的相对性和社会性，认为现实和知识都是特定的社会建构行为的产物，因为人类能够观察到的现实不可避免是通过特定的主体视角获得的，而知识正是由该视角所产生的认识体系，所以社会表征是一种修辞化的过程，是通过话语来实现表征的。人文社会科学的修辞转向就是对修辞在社会现实文本化这一过程中的作用的重新认识，而当代修辞研究的一个重要目标正是要揭示现实的社会建构性以及主体在建构话语过程中的作用，进而真正地摆脱认识主体自身的局限性，探讨话语体系中各种力量平衡的关系。“按 Berger 等的话来说就是要调节自己的认知模式，采纳某种公认的推导程序，即被历史和其他许多认识主体所证明是有效的认知模式。也就是说，所谓的‘批判性’就是使自己的意义重构、认识过程公共化，推理判断的依据不再是一己之理，而是主体间对话的结果。修辞学的‘批判性’指的就是公共化、主体间对话的特性。”①

本研究旨在建立一种专门适用于话语事件中的社会角色形象建构这一修辞行为的，具有鲜明的本位性以及较强的针对性和可操作性的批评模式。本修辞批评模式的建立正是试图创立一种对于上文所述的这一特定修辞行为的认知模式，一种分析这类话语的推导程序，使得修辞者对话语事件中社会角色形象的意义重构和认识过程公共化，使得对话语事件中社会角色形象的认知不再是一己之理，而是在模式之中深入全面地考察主体之间的对话对于意义的建构、协商、争夺的过程、结果及影响。

---

① 曲卫国．人文学科的修辞转向和修辞学的批判性转向［J］．浙江大学学报（人文社会科学版），2008（1）．

1.3.2 主要内容

为了实现这一研究目标，需要解决好以下几个主要问题：

第一个问题即本模式的适用范围。类型批评均为针对特定类别的修辞行为展开的修辞批评，因而建立一种全新的类型批评模式，首先需要说明其所针对的为何种修辞现象。本书通过对“话语”“社会角色”“形象建构”“修辞批评”这几个核心概念的深入阐发，说明了本修辞批评模式适用的范围和本位。

第二个问题在于如何认识这一修辞批评模式与前人相关研究的关系。建立一种专门适用于话语事件中的社会角色形象建构这一修辞行为的批评模式，是一种新的探索。本书通过对前人相关研究的综述，说明了目前在话语事件、社会角色、形象建构、类型修辞批评方面的研究成果的特点，及其对本研究的启发意义，也说明了目前研究的不足之处，从而界定了本研究的起点，说明了本研究与前人研究的具体的历史的继承与发展关系。

第三个问题在于这一批评模式需要运用哪些分析工具。本模式的分析工具主要是话语包理论、系统功能语法以及评价理论。本书首先分析了话语包理论存在的不足，然后对其进行了完善和发展，拓宽了它的应用范围，将长于宏观分析却短于微观分析的话语包理论与长于微观分析却短于宏观分析的系统功能语法以及评价理论相结合，对语篇进行深入剖析。此外，本研究以西方古典修辞学为基石，以当代修辞学研究为走向，以中国修辞学相关成果为参照，在继承和创新中将研究推向深化。

第四个问题即模式中包含的具体要素及其批评标准。一个完整的修辞批评模式需要具备明确的理论要素，在具体的批评实践中也需要围绕这些要素对特定的修辞行为展开深入的分析和评价。本修辞批评模式包含七个要素，分别是：修辞伦理、修辞动机、修辞三诉求、语境操控、框架策略、签署手法以及修辞效果。本书对模式中的每个要素的理论内涵和批评标准进行了深入的阐释。

第五个问题在于各要素之间具体是何种关系。本书认为修辞三诉求、语境操控、框架策略、签署手法是修辞行为的具体表现，书中分析了这四者之间的关系；此外，也分析了修辞伦理、修辞动机、修辞行为和修辞效果之间的关系。

第六个问题即模式的操作方法。建立一种新的修辞批评模式的最终目的是为了创立一种针对特定修辞行为的科学的、可靠的评价系统，因此必然要求这一模式具有明确的、可行的操作步骤，前人总结了各种修辞批评模式具有普遍性的操作步骤，本书结合这些研究，以及本模式的适用范围、理论要素等，提出了本模式的具体的具有区别性特征的操作步骤，从而保证了本批评模式的可行性和实用性。

第七个问题在于模式的可重复性和可检验性。一种科学的修辞批评模式是可以由不同的操作主体重复应用的，应在不断的操作实践中检验并提高其实用性。本书具体运用两起话语事件中的社会角色形象建构的文本演示了本模式的操作过程，验证了其可行性，说明了其本位鲜明、针对性和可操作性强的特点。

1.4 研究方法及行文结构

1.4.1 研究方法

目标产生问题，而问题选择方法。修辞批评研究大都采用定性研究的方法（邓志勇、杨永春，2007；袁影，2007，2011），本研究也主要运用质性研究的方式，通过描述性的分析，在逻辑严谨的层层论证中解决问题，实现目标。在对模式的运用分析中，采取了质性研究中目的性抽样原则下的强度抽样、同质性抽样、典型个案抽样以及效标抽样的策略，以两个话语事件中的社会角色形象建构文本为例，验证了本模式的实用性。此外，本研究也吸收了哲学和逻辑学中的相关原理和方法，对本模式中每个要素的理论内涵的阐发结合了黑格尔在《小逻辑》中阐述的概念具体化原则，对修辞伦理中的“术”这一平面的阐发结合了逻辑学中的三段论原理。

1.4.2 行文结构

写作是对研究过程及结论的书面呈现。本书的第一章为绪论部分，着重对本书的四个核心术语——话语、社会角色、形象建构、修辞批评展开深入的阐述，并说明本研究的目标、主要内容、研究方法以及论文的整体结构。此外，对前人关于话语事件、社会角色、形象建构以及修辞批评的研究展开综述，从而界定本研究的起点。第二章分为七小节，分别阐述了本修辞批评模式中的七大要素的理论内涵及其批评标准。第三章阐述了本模式的分析工具，主要包括话语包理论、系统功能语法和评价理论。其中后两者已经发展得较为成熟，但是话语包理论目前仍存在一些缺陷。因此第三章的前三节集中论述了话语包理论的具体内容、当前存在的不足，并对其进行了完善和补充，第四节对系统功能语法进行了论述，第五节对评价理论进行了阐述，第六节对这三种理论工具之间的关系进行了说明，第七节从系统论的角度探讨了模式中七大要素之间的深层关系，第八节说明了这一修辞批评模式的具体运用方法。第四章对教师队伍建设改革这一非争议性话语事件中的主要文本进行了修辞批评，第五章对中国网络第一案这一典型的争议性话语事件中的主要文本进行了修辞批评。通过第四、五章的研究说明了本修辞批评对于分析话语事件中社会角色形象建构这一特定的修辞行为及其所产生的语篇的科学性和解释力。

第六章总结了本研究的主要贡献，存在的不足以及对后续研究的展望。

1.5 研究综述

1.5.1 话语事件研究

前人对话语事件的研究多从社会抗争的角度展开，认为话语事件就是公众所发起的一种抗争，而这种抗争是以话语表征争夺的方式来实现的，发起这种抗争的原因在于一些个人、权益部门、其他国族有某种程度的出格行为，主张按照主题把话语事件分为道德抵制类型、权益抵制类型、国族抵制类型，将焦点集中在社会大众是如何以话语为武器与他者展开斗争来维护自身权益并最终实现了对社会制度的某种改变的（曾庆香，2011）。

但是这样做也许会把话语事件的真正内涵狭隘化，而不利于我们在更大的空间中对其进行理解和探究，对话语事件的研究属于典型的社会科学研究，不仅具有很高的学理价值，还具有相当大的实际应用价值，可以为社会治理提供智库支持。正因为这样，我们更应该在宏观上去对话语事件的本质进行清醒的全面的认识。话语事件的发起者并不一定就只能是公众，还可以是官方，话语事件的本质也不一定就只能是诉诸话语形式的社会抗争，比如说官方基于社会发展的视角颁布了新的法律法规（如我国的新婚姻法等）以及新的政策（比如“二胎政策”等），这也是一种话语事件，因为它完全属于存在意义的社会生产当中所发生的重大事实，但是它并不是社会抗争。把话语事件按照主题分为道德抵制类型、权益抵制类型、国族抵制类型还有其他的一些问题，首先这反映出把话语事件简单地视为话语抵制行动这一立场，此外，国族抵制类型、道德抵制类型、权益抵制类型看上去是三个不同的集合，但是其内部其实是有交叉的。比如中国人民对日本官方篡改日本历史教科书这一行为所进行的口诛笔伐，同时体现国族抵制、道德抵制和权益抵制，这就体现出了这种分类方法在操作价值上的有限性。最后，话语事件牵涉到的主题过于宽泛，凡是属于意义的社会生产范畴的重大社会事实都属于话语事件，如此一来，政治、外交、经济、学术、医疗、环保、法律、体育、传播……当中的许多事件都属于话语事件，所以按照主题对其进行分类容易出现挂一漏万的现象，反而不利于从宏观上进行把握。因此本书从另一角度出发，根据争议点的有无将话语事件分为争议性话语事件和非争议性话语事件。

争议点理论是西方修辞学理论体系中重要的组成部分。尽管“争议点”在西方修辞学中对应着 stasis，stutus，state，issue 以及 position 等不同的词语，但事实上它们指代的是同一种事物——矛盾或冲突。在这些词语中，stasis 一词较为常见。作为一个希腊语源词，从构词方式来分析，“Stasis”由词根 sta 和名词后缀 - sis 两部分组成。词根意为“停顿”或“中止”。Dieter（1950）指出，“Stasis”在希腊语中的本义是在相反的运动间产生的无法回避的中止。Caplan（1954）认为，修辞学中的“stasis”具体指由两种对立观点的碰撞所形成的论辩中心以及该论辩的特征。Fahnestock & Secor（1983）则将“stasis”界定为对争议中的问题的系统归类。袁影（2012）对这两种并不相同的定义进行了中肯的评价，她指出：前者侧重于性质描述，因此适于对个体争议点的微观性理解；后者则是对整个争议点体系的宏观性描述，二者的结合有助于全面地认识修辞学中的这一核心概念。虽然目前国内多使用“争议点”这一术语，但对其中的“点”在认识上无须拘泥，可以将其理解为方面或者问题，而“争议”既可以是实际存在的，如法庭辩论等；也可以是假想的，而未必已经存在明确的争辩方及对立观点，如演讲文本或广告中的某些内容安排。对概念定义及译名的合理理解有助于争议点理论在当代修辞话语的构建和分析中享有更广阔的适用范围。许多修辞学家都曾试图对争议点进行分类，但其中公认的影响力最大的是由公元前 2 世纪中叶的古希腊修辞学家贺马高拉斯（Hermagoras）提出的分类方法，具体内容如表一：

表一　贺马高拉斯的争议点分类体系

四大争议点	下属争议点
事实争议点	被告人的动机、意愿、能力、性格、人品、生活方式及习惯、运气、热情，案件发生的时间、地点等
定义争议点	法律条文的规定
品质争议点	正义性及公平性
程序争议点	做出裁决时所依据的法律，做出裁定的时间和程序，以及本应受到惩罚的人是否受到惩罚，无辜者是否受牵连等

事实上，贺马高拉斯并不是第一个尝试对争议点进行系统分类的学者，但是他实现了这一理论的体系化，因而被认为是争议点理论的创始人。争议点理论最初起源于法庭论辩，而且古典修辞学家多将这一理论应用于法庭演说中。贺马高拉斯的分类体系也明显具有这样的特点。由于这种分类方式使用范围的狭窄以及后来修辞学本身研究对象的拓展，当代修辞学家们尝试了许多面向更宽范围的争议点分类体系。其中，袁影、崔淑珍（2009）和袁影（2012）的分类方法对本书的借鉴意义尤大。前者的具体内容如下：

表二 袁影、崔淑珍（2009）的争议点分类体系①

序号	四大争议点	下属争议点
1	事实	存在否；源头是什么； 何因导致；有何影响
2	定义	定义本身；定义中的属性； 定义中的种差；种差间的相互关系
3	性质	合理性及其原因；异同或优劣及其产生条件
4	程序	原告有无权利起诉；法院有无权利执行该诉讼；程序合法否
	行动	行动呼吁；行动方案（新旧案比较）；行动结果（已产生或预见）

作者指出，“为了拓宽应用性，对‘程序’应加一个与之替换的‘行动’来共同构成第四个争议点，即以程序/行动来命名此争议点，前者主要用于法庭辩论，后者可广泛用于其他情况”。② 这就大大拓宽了争议点理论的应用范围。而在（袁影，2012）中，作者又结合马库斯·图留斯·西塞罗（Marcus Tullius Cicero）和肯尼斯·伯克（Kenneth Burke）的修辞学理论，对争议点分类体系进行了一些全新的调整，其具体内容如下：

① 袁影，崔淑珍．修辞学“争议点”理论的认知解析与应用［J］．外国语言文学，2009（2）．

② 袁影，崔淑珍．修辞学“争议点”理论的认知解析与应用［J］．外国语言文学，2009（2）．

表三　袁影（2012）的争议点分类体系①

序号	四大争议点	下属争议点
1	事实	存在确认，源头，起因，变化趋势
2	定义	概念释义，核心特征，组成部分，形式标志
3	性质	直接判断，比较判断
4	行动	任务，场景，施事者，手段，目的

1.5.2　社会角色研究

目前对社会角色的研究主要是从伦理学、历史学、国际关系、社会学以及符号学五个角度进行的。

1.5.2.1　伦理学角度的社会角色研究

从这一角度开展的社会角色研究的特点在于：着重分析特定社会角色的道德应当和责任归属。比如：贺雪飞（2003）探究了广告人的社会角色及其社会文化责任的归属；曹刚（2004）论述了法官的角色伦理问题；罗以澄、侯迎忠（2006）探讨了新闻记者的社会责任和道德失范问题；郭冬梅、张慧珍（2009）研究了

① 袁影．西塞罗“争议点”系统与博克“戏剧五元”［J］．当代修辞学，2012（2）．

行政人员的角色冲突及其伦理调适问题；杨红梅（2013）分析了高校学报编辑的道德责任和伦理困境。

1.5.2.2 历史学角度的社会角色研究

从这一角度开展的社会角色研究的特点在于：着重分析特定社会角色的属性和特征的历史流变。比如：申万里（2003）研究了元初江南儒士的处境和社会角色的转变问题；马自力（2005）分析了中唐文人社会角色的变迁及其特征；张晓红、梁建东（2008）探究了中国女性社会角色的历史变迁问题；杨丽琼（2011）以大理新华白族旅游村为具体案例，探讨了旅游开发中少数民族妇女社会角色的变迁问题；闫宇晓、柯玲、李文琴（2015）通过对宁夏海原县的调查，探究了转型期阿訇社会角色的变迁。

1.5.2.3 国际关系角度的社会角色研究

从这一角度开展的社会角色研究的特点在于：着重分析在国际社会中特定国家的角色定位以及在国际战略格局中所发挥的作用。比如：孟祥青（2002）对中国国际角色的转换以及与之相对应的对外安全战略制定的研究；胡键（2006）对中国国际角色转换的分析；袁伟华（2013）以中国—东盟关系为具体案例对对外政策分析中的角色理论的发展；刘强（2013）对未来中国国际角色的战略选择的探讨；印言蹊（2015）对新时期中国被期待的大国角色这一特殊的国际地位角色的探讨。

1.5.2.4　社会学角度的社会角色研究

从这一角度开展的社会角色研究的特点在于：着重通过经验考察和批判分析的方式来研究特定社会群体的真实生存状态及其所反映出的社会问题，以及这些现实对社会结构演变的影响。比如：李华、蒋华林（2002）对三峡工程外迁移民社会角色转换的调研；谢玉华（2006）对地方政府领导者的社会角色与地方保护之间的关系的探讨；杜洪梅（2006）对城郊失地农民社会角色转换的透视；姚上海（2010）从结构化理论的视域下对农民工社会角色转型问题的研究；杨青、张小娟（2014）对女性社会角色发展境遇中的善意性别偏见——男性威权的分析。

1.5.2.5　符号学角度的社会角色研究

从这一角度开展的社会角色研究的特点在于：着重从符号建构主义的视角出发研究对特定社会角色的话语表征问题。比如：张丽萍（2010）从系统功能语法中的人际功能视角出发探讨了"我们"和"他们"这两个会话中的群体角色在多元话语中的建构问题；季玲（2011）分析了"东亚共同体"符号的兴起与消退及其背后的情感、身份确认与社会身份的再生产；王阳（2012）具体以川端康成的作品《雪国》中的叶子的双重社会角色为案例，论述了小说中人物的社会角色与文本意义的客观性问题；罗宏涛（2013）从符号建构主义的角度研究了中国运动员的传媒形象；孙艳艳（2014）通过对“女汉子”这一新词语的符号学解析，探寻了当代青年女性的角色认同及其社会基础。

本研究属于其中的第五种视角，但是从该角度出发所开展的研究目前对话语事件这一具体范围内的社会角色形象建构的探索尚付阙如，而以修辞批评为本位对其进行深入分析的目前仍未见先例。

1.5.3 形象建构研究

形象建构研究是人文社会科学近年来密切关注的前沿热点问题，目前对这方面开展的研究主要是从政治传播学、文化社会学、修辞学这三个角度来进行的。

1.5.3.1 政治传播学角度的形象建构研究

从这一角度开展的形象建构研究的特点在于：关注媒介对特定对象所进行的形象建构所产生的政治效应，以及特定的意识形态对媒介形象建构这一话语行为的影响。比如：李冉（2012）探究了网络媒介时代中国共产党的形象建构问题；张媛（2013）以《人民日报》中的少数民族报道为语料进行了官方媒体中的少数民族形象建构分析；张昆、陈雅莉（2014）以《海峡时报》和《雅加达邮报》中的南海争端报道为语料，分析了东盟英文报章在地缘政治报道中的中国形象建构特点；窦卫霖、郭书琪（2014）对比分析了G20成员政府网站领导人简介，总结了国际传播中国家领导人形象的塑造策略；慈勤英、周冬霞（2015）反思了媒介对失独家庭社会形象的建构，进而探讨了失独家庭政策的“去特殊化”问题。

1.5.3.2 文化社会学角度的形象建构研究

从这一角度开展的形象建构研究的特点在于：着重揭示形象建构的文化动因及社会效应。比如：孙英春（2010）探讨了中国国家形象的文化建构问题；郭小平（2010）以《纽约时报》中的气候变化风险报道为语料，分析了西方媒体所建构的中国环境形象；边静、张娟（2010）探究了“蚁族”形象的媒介建构、传播特点以及背后的动因；董小玉、胡杨（2011）分析了新生代农民工的大众媒介形象建构问题；林曦（2013）从认识论的角度探讨了跨文化形象建构的“镜像—溢出”效应。

1.5.3.3 修辞学角度的形象建构研究

从这一角度开展的形象建构研究的特点在于：着重从修辞的主体间性特点出发考察形象建构的表达策略和接受特点。胡范铸、薛笙（2010）在国内首次提出了作为修辞问题的国家形象传播这一研究视角；陈佳璇、崔蓬克、胡范铸（2011）探讨了国家形象修辞分析中的言者身份与修辞力量问题；胡范铸、陈佳璇、甘莅豪、周萍（2013），胡范铸、胡炯梅、樊小玲（2014）探索了“海量接受”下国家和机构形象修辞研究的方法设计，并正式提出构建“机构形象修辞学”这样一个全新的交叉学科的设想；樊小玲（2013，a）基于对 H7N9 和 SARS 时期官方媒体报道的分析，探讨了国家形象修辞中的核心话语和支持性话语问题；樊小玲（2013，b）具体以“郭美美”事件引发的“红会”危机为案例，探讨了机构形象传播中主体意识的缺失与重建问题；白丽娜、周萍（2013）通过对以内蒙古为样本的多个语种的媒介调查研究了中国省区形象在西方网络世界的修辞效果；陈艳玲（2014）运用词语自由联想测试的方法调查了菲律宾青少年对中美日国家形象的认知情况；彭增安（2015）考察了国际汉语教材中的独生子女形象建构现状。

目前从这三个角度展开的形象建构研究具有一些共性：第一，哲学基础都是建构主义；第二，运用的主要方法都是话语分析；第三，研究的对象多集中于群体形象，如国家形象、机构形象、政党形象、特定社群形象等；第四，与第二点相对应地，所研究文本的叙事模式多数是宏大的集体叙事。

社会角色作为占据特定社会位置的行为主体，既包括群体也包括个体，既包括国家元首也包括普通公民，因此上述研究也应属于社会角色形象建构的范围，但是似乎目前尚未形成这样的一种学术自觉，尚未强调上述研究对象的社会角色属性，“就社会角色实践意义而言，角色伦理是与角色身份地位相契合的权责伦理定位、伦理期待和道德规范的一套伦理行为模式"。[①] 王娟、郄艳丽（2016）指出，"在角色扮演实践中，角色伦理通过一套与角色身份、地位相契合的伦理行为模式，强调社会角色的权责定位、应然之责、伦理期待和道德应当。旨在为角色扮演提供一种伦理行为模式和标准样式，从而为社会角色提供合宜的存在方式和价值合理性，旨在对社会角色行为进行规范和价值引导"。[②] 因此社会角色形象建构不仅有助于塑造或重塑角色伦理，也有利于考察特定社会角色的行为是否符合伦理规范，由于社会角色所具有的伦理属性，对特定社会角色的形象建构也具有特殊的社会治理价值，而这一学术及现实价值似乎未得到真正的发掘和重视。

修辞学在发展的历程中曾在目标、问题、方法方面出现过迷失，因此减弱了发展的动力。经过学者们的长期思索和奋力突围，使得修辞学重新焕发了生机。当代修辞学认为，作为现代的修辞学研究，其根本目标在于"以对言语行为的分析入手，有效地推进人的个体的社会化、群体的互动性、社会生活的现代化"。[③] 与之相对应的，现代修辞学的核心问题便是："当代生活中，人与人、机构与机构、人与机构的语言交往如何现代化?"[④] 因此，对

① 田秀云．角色伦理的理论维度和实践基础［J］．道德与文明，2012（4）．

② 王娟，郄艳丽．角色伦理治理方式的证成［J］．道德与文明，2016（1）．

③ 胡范铸．幽默语言、谎言、法律语言、机构形象修辞、实验修辞学……研究的逻辑起点——基于"新言语行为分析"的思考［J］．华东师范大学学报（哲学社会科学版），2015（6）．

④ 胡范铸．幽默语言、谎言、法律语言、机构形象修辞、实验修辞学……研究的逻辑起点——基于"新言语行为分析"的思考［J］．华东师范大学学报（哲学社会科学版），2015（6）．

形象建构的修辞学研究既是现代修辞学对研究问题的拓展，是修辞学人社会情怀的一种体现，也是形象建构这一具有重大现实意义的问题本身之所需。修辞学以特殊的视角为这一研究开拓了进路，但是我们也发现，目前为止从修辞批评的角度对形象建构展开的研究却尚付阙如。胡范铸、胡炯梅、樊小玲（2014）提出了案例库修辞学这一形象修辞研究进路，事实上与修辞批评研究不谋而合，修辞批评正是通过对具体修辞案例的批评性分析来深化对修辞行为的认识的。对社会角色形象建构的修辞批评沟通了个体修辞与公共修辞，是这两种修辞研究的重要纽带，同时，又体现了修辞学对重大社会现实的智库性作用，但是遗憾的是目前尚未查阅到关于这一方面的研究，本书正是在这一背景下的尝试性开拓。

1.5.4　修辞批评研究

1.5.4.1　维切恩斯范式的建立

修辞批评作为一个独立的研究领域，诞生的标志是 1925 年维切恩斯（Herbert Wichelns）的《演讲的文学批评》（*The Literary Criticism of Oratory*）的问世。自此，修辞批评有了较为规范的范式，而不再是对某些修辞行为、修辞现象的随机的、零星的、朴素的、发散的点评。维切恩斯非常鲜明地提出了“修辞批评应当系统地分析如何理解演说的特点、主题与情感要求，观点的论辩与组织以及演说发表，强调演说对直接听众的影响”。[①] 他的修辞批评模式被后来的学者称为“新亚里士多德批评”，也被称作“传统范式”，这是因为他的修辞批评方法非常集中地继承了亚里士多德修辞学的核心思想，主要是运用“三诉求”和“五艺”的理论来进行批评，所谓“修辞三诉求”（the three rhetorical appeals），即人品诉求（the appeal of moral quality）、情感诉求（the appeal of emotion）和理性诉求（the appeal of rationality）；所谓“修辞五艺”（the five offices of rhetoric），即觅材取材（invention）、布局谋篇（arrangement）、文体风格（style）、记忆（memory）和演说（delivery）。维切恩斯非常强调西方古典修辞学所看重的演讲的现场效果问题。之所以加了一个“新”字，是因为维切恩斯对亚里士多德的修辞概念体系做了一些细微的调整。中国台湾学者林静伶对二者的这些区分做了较为系统的梳理，具体如下：

① 温科学．二十世纪美国修辞批评体系［J］．修辞学习，1999（5）．

表四　新旧亚里士多德批评对比①

维切恩斯的分析项目	亚里士多德的讨论
演说者的个人特质	演说者可信度（艺术证明之一）
演说者作为公众人物的特质	演说者可信度（艺术证明之一）
演说对象的特质	演说对象的心理、出身、年龄等特质
演说内容——主题、动机、论证等	创作（修辞五大要素之一）、艺术证明
演说内容的组织方式与文字风格	组织、文字风格（修辞五大要素之一）
演说者的演讲方式	呈现（修辞五大要素之一）

维切恩斯的批评过程就是首先对演说者表达立场、观点的方式进行深入细致的分析，进而洞悉演说者修辞行为的动机和预期效果。后来，莱斯特·桑恩（Lester Thonssen）和克雷格·贝尔德（Craig Baird）对维切恩斯的批评模式进行了进一步的完善，提出了明确的批评范畴，即演说的性质、目的、情境、类型、效果。他们鲜明地提出，任何一场演说都是由演说者、听众、主题三个主要元素在具体情境下互相作用的结果，而修辞批评的主要目的就在于深入地、理性地揭示演讲所造成的影响。“新亚里士多德批评”对演说者进行分析的方式很有特点，他们考察的是演讲者本身的人生阅历、教育背景、观念体系、身份地位、为谁说话、性格特征等要素是如何影响他的演讲内容和演讲形式的。由于这一批评方法的主要理论根基是亚里士多德的修辞学说，而亚里士多德认为修辞的本质就是“一种能在任何问题上找出可能的

① 转引自柴改英，郦青．当代西方修辞批评研究［M］．北京：国防工业出版社，2012：32.

说服方法的功能”。[①] 所以，这一批评方法在实际操作时非常看重修辞者是否自觉地、有效地运用了所有可用的劝服方式，高度重视演讲者在演说中是否自觉地、灵活地运用了西方古典修辞学理论。应用这一修辞批评模式进行分析的大都是公众人物的政治演讲。传统范式在修辞批评领域的统治地位一直延续到了 20 世纪 60 年代。

1.5.4.2 布莱克的修辞批评

埃德温·布莱克（Edwin Black）于 1965 年出版了《修辞批评：方法研究》（*Rhetorical Criticism*：*A Study in Method*）一书，打破了修辞批评领域只有一种主流操作模式的状态。书中布莱克揭示了传统模式过分依赖并且刻板运用亚里士多德提出的“五艺”和“三诉求”的弊端，而且指出修辞批评如果仅仅关注演讲者的话语对瞬时受众造成的影响，会不可避免地忽略掉修辞行为及文本带来的延时效应。他认为修辞批评必须在模式上推陈出新。与此同时，由于受到当时社会思潮、国际政治环境以及学科交融发展趋势等因素的影响，修辞学整体开始出现了新的转向，关注的视野开始大大地拓展，修辞批评作为修辞学本身的一个重要分支，其关注的范围也从单纯的演讲拓宽到社会运动、社会思潮等诸多方面，从此逐渐出现了几十种不同的批评模式。修辞批评开始迎来了繁荣发展的局面。

---

① 刘涛．新社会运动与气候传播的修辞学理论探究［J］．国际新闻界，2013（8）．

1.5.4.3 类型批评

本书所探究的话语事件中社会角色形象建构修辞批评模式是一种类型批评。

最早提出类型批评理念的人是前文提及的埃德温·布莱克，他提出类型批评的目的在于反对修辞批评领域一直只使用一种批评方法，即新亚里士多德批评方法。但是，他却并未明确地界定类型的内涵。后来，坎贝尔（Campbell）和詹梅森（Jamieson）把修辞批评领域的类型界定为“共享内容、风格和情景特点的一组话语”。[①] 有的学者认为，类型修辞批评的研究思路主要分为两种，一种是归纳式的，一种是演绎式的。前者通过对特定类型的深入分析，发现其区别性特征，其关注的焦点并非个别的语篇，而是一组属于同一种类型的文本，通过对其进行考察，总结出共性的特点，并形成关于这种类型的修辞特征的理论建构。具体的研究步骤如下：首先收集大量的案例，进而发现其中蕴含的重复性的、规律性的修辞特征，最后在这个基础上确立修辞类型。后者是在某种修辞类型已经被总结出来以后，以此来检视特定的修辞行为和修辞话语。这样做一方面可以“以个案来检视类型，进而反映类型的合理性或变迁”，[②] 对类型进行巩固或修正；另一方面也可以对个案进行更加深刻的分析、判断、评估和解释。其具

① 袁影．修辞批评新模式构建研究［D］．上海：上海外国语大学，2008.

② 林静伶．语艺批评：理论与实践［M］．台北：五南图书出版公司，2003：39.

体研究步骤如下：首先详细地描述特定修辞类型的特征，包括情境、内容、形式、组织原则、策略等方面；然后选择与该类型较为相似的、特定的修辞行为和修辞话语，围绕以上几方面总结个案的具体特点；最后对个案和类型进行比对，分析其异同。一方面证实或修正修辞类型理论，另一方面也对个案进行评估。

还有的学者认为，类型修辞批评的研究可以分为三种情况：类型描述、类型参与和类型运用。类型描述是从具有相似特征的修辞行为、修辞话语中归纳出在情境、内容、形式、组织原则、策略等方面的共同点，进而证明某种修辞类型的存在。类型参与考察特定的修辞行为、修辞话语是否属于某种类型，这一类研究一般是在归属出现疑问之时进行的。类型运用是应用特定的修辞类型考察特定的修辞行为和修辞话语，评估该行为和该话语是否符合该类型的要求。

事实上这两种说法并不矛盾。类型描述属于归纳式的类型修辞批评研究，类型运用属于演绎式的类型修辞批评研究。而无论是归纳式的还是演绎式的类型修辞批评研究都离不开类型参与。在归纳一种修辞类型时，第一个步骤就是收集案例，收集的过程离不开选择，即某案例是否和其他大量案例具备高度的相似性。在类型运用之时，第一个环节也是要看个案是否应该属于该类型。但是从定义上来看，类型参与跟类型运用的相关程度比跟类型描述要更高一些。类型参与之所以会被一些学者单独总结为类型修辞批评研究中的一个重要组成部分，享有和类型描述、类型运用同等的地位，是因为它不仅仅是类型描述、类型运用的第一个步骤，而且在个案的归类出现疑问和争议之时，只有类型参与研究能够解决问题。归纳式和演绎式类型修辞批评为我们的研究提供了很好的思路，但是它们的具体操作方式并不能够穷尽类型修辞批评的全部研究方法，比如当个案的归类出现争议时，我们主要是运用比较法，而不涉及归纳和演绎。

坎贝尔（Campbell）和詹梅森（Jamieson）认为类型批评并不能够算作一种真正意义上的方法论，因为它常常需要跟其他的修辞批评方法结合起来使用。本尼特（Beniot）在《类型修辞批评》（*Generic Rhetorical Criticism*）中也提出了类似的看法："修辞批评者必须牢记类型方法只建议选择什么样的演讲做研究，而不是精确地指导怎样研究。"① 当然，从现在修辞批评研究对象的广度上来看，这里应该把"演讲"改为"话语"更合适一些。事实上，上述这两种看法有一定的片面性。类型修辞批评其实可以视为一种集合，其中包括了很多种类别。这个集合不是封闭的，而是开放的。随着社会的不断发展，会不断涌现出新的类型，因而类型修辞批评应该是很有活力的，是可以不断地丰富的，而且对现实的指导意义很大。针对不同类型的修辞话语、修辞行为，批评的范畴和方法会相应地有所区别。但是这并不意味着类型修辞批评的研究仅限于对语料和案例的选择，而不精确地指导如何具体地进行研究。对每一类确定存在的修辞行为、修辞话语，相应

---

① 转引自袁影．修辞批评新模式构建研究［D］．上海：上海外国语大学，2008.

的类型批评的分析范畴、操作方法应该是明确的、清晰的。不能因为类型批评有时会和其他修辞批评的方法有交叉就认为它不是真正意义上的方法论，事实上，很多修辞批评模式都跟其他的模式存在交叉。认为类型批评不能算作真正意义上的方法论的看法是不准确的。

类型批评是方法论的集合，在其中蕴含了众多不同的方法，所以它并没有统一的操作模式。但它又不是一个大杂烩，因为在其中有共性，类型批评有自己的原则和精神，那就是修辞批评紧紧围绕着特定的修辞类型，对特定类型的所有要素都应给予充分的剖析，主要涉及类型描述、类型参与和类型运用。因此，类型批评对修辞行为和修辞话语模型的建构，对修辞个案效果的评估和行为过程的反思具有巨大的参考价值。

从目前修辞批评发展的状态来看，类型批评还有很大的开拓空间，其价值和功用远未充分地发挥出来。尤其是在国内，涉足类型批评的研究似乎尚付阙如。有学者指出，“类型修辞批评在操作层面上还有待丰富，还需通过修辞理论或其他相关理论来展开并细化分析范畴以增强批评的可操作性”。①

---

① 袁影．修辞批评新模式构建研究［D］．上海：上海外国语大学，2008.

第二章　模式中各要素的理论内涵及批评标准

本章详细地论述了本修辞批评模式中的七大要素的理论内涵以及针对每个要素的批评标准。Putnam & Fairhurst（2000）总结了话语分析的六大基本要素，分别是语言使用者（language user）、语境（context）、功能（function）、结构（structure）、符号（symbols）、意义（meaning）。本书在借鉴这一观点的基础上提出了本模式的要素，分别是修辞伦理（或称修辞道德）、修辞动机、修辞三诉求、语境操控、框架策略、签署手法、修辞效果。

2.1　修辞伦理

修辞伦理处于本修辞批评模式各要素的最高平面，统摄着其他六大要素。在修辞过程中，修辞主体自身的道德属性以及社会语境中的道德因素，促使其形成一定的修辞道德意识和修辞行为规范，这就是所谓的修辞伦理。具体到本修辞批评模式中，体现为修辞者在对话语事件中的社会角色进行形象建构的过程中所需要遵循的修辞道德意识和修辞行为规范。作为社会公众修辞行为自律及管理的一种非常重要的形式，修辞伦理的价值尺度是建立在是非以及善恶的标准基础之上的，并依靠社会舆论、个人修养、内心信念和传统习惯等来维持。

研究修辞批评不可避免地会涉及修辞与伦理的关系，这是因为修辞是一个非常复杂的系统，它不只是关涉修辞方法、符号要素等，还跟整个社会关系和价值体系有着千丝万缕的联系。因此要把握复杂的修辞现象及其背后的修辞规律，就不能仅仅从策略层面和符号层面来认识它，还要从修辞所涉及的社会价值观念层面来审视。这样做是基于把修辞视为一种行为而非工具或手段的修辞观，因为工具本身是无所谓善恶的，但是人的行为却有善恶之分，可以进行伦理评价，人的行为包含着动机、过程、结果，在结果中往往还包含着社会影响。因此，“修辞是一种渗透有社会道德意识的社会行为，带有浓重的道德色彩”。①

修辞道德除了具有社会道德的普遍特征比如社会性、时代性、民族性、自觉性、层次性、理想性、利他性、利群性等之外，还具有属于自身的一些特点。首先，修辞道德的存在领域是修辞行为领域，而非其他领域，修辞行为所运用的媒介是符号而非其他。

① 陈汝东．社会心理修辞学导论［M］．北京：北京大学出版社，1999：106.

其次，“修辞行为的核心是通过传播信息，达到影响和改变他人思想观念的效果，以调控社会关系，协调社会行为”。[①] 那么与之相对应地，修辞道德的核心自然也就是提供、传递真实的信息而不是虚假的信息。

从社会治理的角度来看，修辞行为有必要纳入伦理管理之中来，但是反过来，修辞行为对社会道德体系的建构、树立和传播也有着不可替代的作用。正如前文所述，修辞就是人类通过运用象征系统对认知、态度、信念、行为等产生影响的过程，同时它也指与这个具体行为过程相对应的研究领域或者说学科。因此什么是伦理道德，什么样的伦理道德是可取的，什么样的伦理道德是应当扬弃的，都是通过修辞来确定并且予以在全社会弘扬的。正是在修辞的过程中，修辞者通过和交际对象的信息交换，进行了道德互动，促进了修辞双方道德观念的相互影响，从而实现了道德的社会化。

本修辞批评模式中的修辞伦理要素涵盖着道和术两个层面。

首先是道的层面。修辞主体在进行修辞行为的过程中，“无论是词句的选择、信息的取舍、话语信息结构的预设、语气的定位、态度的确立、话语角色的调整，还是对修辞效果的预测、把握，甚至于修辞行为功能的发生，都不同程度地受制于潜在的社会道德体系”。[②] 修辞批评不会只关注修辞策略和技巧因素，而对

① 陈汝东. 新兴修辞传播学理论［M］. 北京：北京大学出版社，2011：118.
② 陈汝东. 新兴修辞传播学理论［M］. 北京：北京大学出版社，2011：103.

修辞行为的伦理属性以及修辞者的动机和人格置若罔闻，否则就不是完整的修辞批评模式。

然后是术的层面。这一层面关注的是运用道德推理、道德劝服的策略、方法以及规律。以往的修辞学研究归纳出了很多符号层面的修辞方法，比如语言学方面的语音、词汇、句式、修辞格以及图像学方面的次点等，也归纳了很多叙事学层面的修辞方法，比如影像学方面的蒙太奇和长镜头以及文艺学方面的叙事视角等。还有很多研究探讨了语境操控层面的方法和规律，比如新闻学方面的叙述时机以及广告学方面的创设场景等。但是，在修辞行为中应该如何巧妙地运用道德推理的规律却较少被关注，专门探讨这个方面的成果仍尚付阙如。“道德推理是合逻辑的一组道德判断，由一个或几个道德判断根据一定依据推出另一道德判断，从而实现对特定道德问题的解决，是从‘实然’衍生出‘应然’的确证过程。”① 道德推理主要包括三种基本形式，分别是辩证的道德推理、类比的道德推理以及演绎的道德推理。修辞的一个重要功能在于影响交际对象的思想、态度、情感和行为，要实现这一功能，需要有效地运用道德推理，利用交际对象的道德价值取向来因势利导。因此道德推理对于修辞行为也有“术”的意义。本书主要是从角色伦理的角度来关注话语事件中的社会角色的形象建构的，因此自然涉及如何巧妙地运用道德推理来建构形象的问题。

---

① 罗彬．试论新闻传播活动中的道德推理［J］．国际新闻界，2014（2）．

修辞伦理这一要素分为"道"和"术"两个层面。"道"这一层面的批评标准包括事实标准和道德标准。事实标准考量的是文本在多大程度上真实、足量地呈现了外部世界客观存在的状况,即修辞者在多大程度上真实地、足量地呈现了话语事件中社会角色的形象;道德标准考量的是修辞行为及结果是否符合社会的道德规范,即修辞者对话语事件中社会角色形象的建构是否符合道德规范。"术"这一层面的批评标准在于是否有利于修辞动机的实现。

2.2 修辞动机

动机即直接推动个体活动以满足某种需要的内部状态,是产生行为的直接原因和内部动力,是激励个体发起并维持特定的行动并导向特定目标的主观因素或心理过程(冯鸿涛,2006;林秉贤,1985)。与此相对应地,修辞动机就是直接推动个体进行修辞以满足某种需要的内部状态,是产生修辞行为的直接原因和内部动力,具体到本修辞批评模式中即修辞者对话语事件中的社会角色进行形象建构的直接原因和内部动力,是激励修辞者建构话语事件中相关的社会角色之形象并将交际对象对这些社会角色的认知、态度等导向特定方向以实现某种特定目标的主观因素以及心理过程。

意图性和动机性是人类交往的基本特征。陈汝东（1997）总结了交际中的四种主要的修辞动机，分别是旨在传递信息的表述动机，旨在使交际对象在情感、观点、态度等方面与修辞者趋同的同化动机，旨在使交际对象产生某种特定行为的祈使动机，旨在生成、传递美感信息的美感动机。他认为这四种动机在修辞行为化方面，既有着各自相应的要求和特点，也存在着内在的联系，其中最高层次的是美感动机，最基本的是表述动机，任何修辞行为中都包含着表述动机。美感动机与本书的研究主旨距离较远，故未将其纳入本修辞批评模式的分析视野中。但是，另外的三种修辞动机却与本书的研究息息相关。本修辞批评模式中的表述动机具体是指构建以及传播话语事件中的社会角色的形象信息；同化动机具体是指旨在让交际对象对话语事件中相关的社会角色产生跟修辞行为的实施者相同或相似的态度、观点、情感等；祈使动机具体是指旨在使交际对象产生话语发起者所希望的特定的行为，而且往往表现为支持或反对特定的社会角色、社会现象、社会制度、社会行为等的集体行动。由于每个案例的具体细节不同，因此在具体的修辞批评实践中，这三种修辞动机在每一个具体化的事件中都有具象的体现。

对修辞动机的根本评价标准与修辞伦理紧密相关，即集中评估修辞者在具体的修辞行为中所秉持和推崇的价值观是否符合人类社会的主流观念，与理想的价值观是否吻合。具体到本修辞批评模式中，即修辞者在对话语事件中的社会角色进行形象建构的过程中，是否秉持了符合人类社会的主流的理想的价值观。

人类是一种非常复杂的生命现象，人类的行为动机也往往是复杂的，修辞行为自然也不例外。所谓模式，就是“某种事物的标准形式或使人可以照着做的标准样式”。① 一种修辞批评模式应当具有能够针对某一类修辞现象的解释力，这必然要求它要具有一定的抽象概括能力，而且还要经历无数次针对具体修辞案例的批评实践的检验，在检验中去考察其合理性，在检验中不断地修正，从而臻于完善。在每一次具体的修辞行为中，修辞主体的动机都不尽相同，因此似乎难以抽象概括出修辞批评模式中对于动机的评价标准，但是事实上，每一次的修辞动机却无法避免地带有伦理道德属性，这是普遍性的。因此，伦理道德可以作为评价修辞动机的普遍性的标准，在本修辞批评模式中，对修辞动机的评价指标也是其伦理道德属性，着重考察修辞动机的出发点是否符合求真为善这一基本原则。也就是说，对信息的编码和传播应当是出于实事求是的初衷，而且动机应该是善意的。具体来讲，就是对话语事件当中所涉及的社会角色的形象的话语建构首先应当是为了还原其客观的现实情况，而不能为了特殊的目的去对其进行歪曲或捏造。另外，就是这种话语建构的初衷应当是善意的，而不应该是出于恶意的，不应该是为了达到人身攻击、侵犯他人的名誉权和人格尊严权等丑恶的目的。如果有悖于这两点基本的

---

① 中国社会科学院语言研究所词典编辑室编. 现代汉语词典（第6版）［M］. 北京：商务印书馆，2014：913.

原则，即便言语再流畅，美感再浓郁，依然是卑劣的修辞行为，是不可取的修辞动机。

当前修辞学领域对修辞动机的揭示主要是运用肯尼斯·伯克（Kenneth Burke）开创的动机语法和戏剧五范畴修辞批评方法。动机语法和戏剧五范畴修辞批评方法的哲学基础均为戏剧主义的语言观。戏剧主义（dramatisitic）的语言观是和科学主义（scientistic）的语言观相对而言的，后者强调的是语言的指称、反映、传递信息的功能，倾向于从逻辑学角度对语言进行思辨，其典型表述是“这是什么”（it is）或“这不是什么”（it is not）。前者强调的是语言的表态、劝勉功能，认为语言正是在人类的合作与竞争的过程之中产生并发展的，将语言视为一种象征行为（symbolic action），倾向于从话语行为学的角度对语言进行思辨，其典型表述是“你应该这样做”（thou shalt）或“你不应该这样做”（thou shalt not）。

伯克（1954）指出，“表述语言具有双重内容，首先是叙述事物的性质，此外也包含着对其的行动方案，起着动机的作用”。[①] 伯克提出的动机语法并非传统语言学意义上的语法，而是揭示修辞动机的一种分析模式。动机语法认为，语言是一种象征行动，也是一种变相的“戏剧”。语言跟戏剧之间的相通性主要体现在以下几个方面。首先，二者都能够反映、曲解、超越现实

---

① Burke, K. A *Grammar of Motives* [M] . Berkeley: California University Press , 1954: 57.

世界。除此之外，语言和戏剧在完整地表述事件时都不可避免地会涉及五个基本要素：行动（act）、执行者（agent）、目的（purpose）、手段（agency）、场景（scene）。行动是任何有意识的行为。在语言中，动词性的谓语以及带有动作性质的名词和名词性短语是行动的显性的体现。执行者是完成特定行为的主体，执行者在语言中既可以体现为表述人的概括性的词汇，如教师、医生等；也可以体现为表述人的具体性的词汇，如黄老师、白医生等；还可以是集合名词以及专有名词，如"斯拉夫民族""组织""东盟""共产党""中国""共产国际""联合国"等；同时，还包括有关执行者的动机特点方面的词汇，如"感动""愤怒""羞愧"等。但是五要素中的目的并不等同于动机，这是因为这里的目的是修辞者在话语中显性表达出来的某种目标，但事实上修辞者可能是别有用心的。也就是说目的有时是冠冕堂皇的说辞，而真实的动机可能与这种说辞不符。比如日本在发动侵华战争时对世界舆论的说辞是要建设所谓的"大东亚共荣圈"，但是其真实的动机显然不是这样。手段是指完成特定行为的方法、工具、途径。"场景是行为发生的背景、处所或者场面……为分析设置了情景参照。如何标签场景将影响评论家对动机的阐释的范围。"① 从语言学的视角来观察，手段和场景常常做状语，通常表现为介宾短语。对这五个要素的不同搭配，蕴含着修辞者不同的动机和

---

① 鞠玉梅．肯尼斯·伯克新修辞学理论述评——戏剧五位一体理论［J］．外语学刊，2003（4）．

观念。

戏剧五范畴修辞批评方法是在动机语法理论的基础上建立的，旨在“解释为什么在某种场合下人们用什么方式做了什么事”，[①] 其诞生的标志是伯克于1941年发表的论文《希特勒的战争修辞》（*The Rhetoric of Hitler's Battle*）。这一修辞批评方法认为，如果修辞者凸显的是目的这个要素，那么他的修辞行为就体现了哲学中的神秘主义观点；如果修辞者凸显的是行动这个要素，那么他的修辞行为就体现了哲学中的现实主义观点；如果修辞者凸显的是执行者这个要素，那么他的修辞行为就体现了哲学中的唯心主义观点；如果修辞者凸显的是工具这个要素，那么他的修辞行为就体现了哲学中的实用主义观点；如果修辞者凸显的是场景这个要素，那么他的修辞行为就体现了哲学中的唯物主义观点。

五要素之间可以通过不同的方式进行组合，由于不同的事件中包含着不同的修辞行为，在各具体的修辞行为中对五要素之间的关系也存在着不同的配置方法，这些不同的配置方式就体现着各自不同的修辞动机。伯克创造了“ratio”（我国学者多将其译为“关系对”）这个概念来描述五要素之间的组合关系。五要素的十个基本关系对分别是：目的—手段；执行者—手段；执行者—目的；行动—手段；行动—目的；行动—执行者；场景—手段；场景—目的；场景—执行者；场景—行动。颠倒每一个关系对当中两个要素的位置，又可以得到另外的十个关系对。在每一个关

---

① 邓志勇．修辞批评的戏剧主义范式略论［J］．修辞学习，2007（2）．

系对的内部体现的是因果关系。比如“目的—行动”这个关系对的含义就是某种目的决定了需要采取某种行动。正是由于每个关系对的特殊性质，不同的关系对可以用来检验不同的内容。比如“行动—执行者”这个关系对就能够检验具有某种性质的行动是如何重塑该行动的执行者的。五要素就像手指，彼此独立却又紧密相关，是整体的五个关键部分。

在分析具体的话语修辞行为时，在这二十个关系对当中，由于其中的十个与另外的十个恰好是反向的，所以必然有的关系对会跟被分析的修辞话语吻合，有的则不吻合。在吻合的全部关系对当中，决定其他因素次数最多的因素即为主导因素。戏剧五范畴修辞批评方法的操作步骤如下：首先要把修辞话语和修辞行为的五个要素，即行动（act）、执行者（agent）、目的（purpose）、手段（agency）、场景（scene）分别找出来；然后通过分析关系对确定主导因素；“最后从主导因素出发解构该话语的语篇构建，挖掘出其后隐藏的修辞动机”。[①]

目前对修辞动机的揭示性研究大都运用戏剧五范畴修辞批评方法，但是，本书认为戏剧五范畴修辞批评方法是有局限性的，首先对修辞效果的分析和评价是这一模式的薄弱环节。此外，对修辞动机的揭示作用也是有限的，出现频率最高的要素是否就真的是主导性因素，这本身值得商榷，而且，在找到了主导性因素

① 邓志勇，胡敏．修辞批评的戏剧主义范式运用举隅——以美国《时代周刊》对拉萨“3·14”打砸抢烧严重暴力犯罪事件的报道为例［J］．毕节学院学报，2012（7）．

之后，从其出发去解构语篇的构建进而挖掘修辞动机这一环节也会出现见仁见智的情况，即从同一个主导性因素出发，不同的分析主体也会得出不同的分析结果，进而得出不同的有关修辞动机的结论。另外这一批评方法仅从语篇的内部出发分析修辞动机，有的隐蔽较深的修辞动机是难以单从一个语篇中寻找到的，这种修辞批评模式似乎忽略了与之相关的其他主体建构的语篇，也忽略了修辞行为发生的具体情境，因此其有效性似乎也并不能够得到完全的保障。所以本书并未采用这一方法来揭示修辞动机，认为对修辞动机的考察不能够仅将视线局限于某一个文本的内部，而应该结合修辞行为发生的情境，以及其他修辞主体的相关修辞行为及修辞语篇来进行分析。

2.3 修辞三诉求

亚里士多德在《修辞学》中提出了“修辞三诉求”，即人品诉求、情感诉求和理性诉求。其中，人品诉求指的是通过修辞者本身的人格和品德提高让交际对象信服的可能；情感诉求就是通过对交际对象心理的了解来诉诸他们的情感，通过调动其感情来达到说服的目的；理性诉求则是指通过具体的事实以及逻辑论证来实现劝服。后来，随着修辞学的发展，人品诉求的内涵进一步丰富，可以用来指对所有与具体的修辞行为相关者之人品的表征。

修辞三诉求是亚里士多德从“劝服”这一修辞观出发总结出来的，但是本书认为在新修辞学运动出现之后，“同一”已经成为主流修辞观的时代背景下，修辞三诉求仍有其理论价值，而且修辞三诉求与“同一”的修辞观不仅不存在矛盾，而且还彼此契合。

“同一”即相同或一致，劝服往往带有比较明显的单向性特征，体现的是修辞者对受众的强势的影响，对受众的感受缺乏一定的尊重。有些类似于传播学领域的“枪弹论”，即“将受众看作完全被动的受体，只要传播的信息‘击中’他们，就会改变他们原有的观点和态度，产生传播者希望的效果”。[①] 尽管古典修辞学者也探讨了对受众的分析，但是内容相对较少，而且其目的依然是为了劝服，即最终让受众接受修辞者的观点。这里修辞者本身没有在精神层面的明显改变。同一则更强调修辞过程的双向性，相对于劝服观而言体现了更多的柔性。而且，在同一的过程中，修辞者也会受到受众的影响，从而在自己的意识中也形成一定的改变。这是一种相对比较平等的沟通，是真正意义上的交流，也更利于双方相互之间的接受。这个过程中修辞者与受众之间的关系是相对的，甚至在话轮的转换中其角色可以是互换的，整个过程的自然度大大提升了，不再像劝服那样给人带来激烈、僵硬和机械的感觉。

---

① 段京肃．大众传播学：媒介与人和社会的关系［M］．北京：北京大学出版社，2011：243.

伯克总结了三种“同一”的情况，分别是同情同一（identification by sympathy）、对立同一（identification by antithesis）和误同（identification by inaccuracy）。同情同一，即在认识、态度、情感、价值等方面的相同或相似。对立同一，即在不同主体在意识到存在着相同的对立面或敌人而达成一致，确立认同的情况。误同，即无意识间取得的同一。伯克为了说明误同，举了一个经典的例子，开车开久了的人会渐渐地在潜意识中把车速跟自己的速度等同起来，但事实是一旦下了汽车，他们本身的行进速度还不如那些骑单车的人快。所以误同涉及的往往是人的潜意识，是不知不觉中形成的一种认同，有的时候这种认同甚至可能是不准确的，是感性而非理性的，是一种潜移默化的影响。而无论哪一种同一的取得往往都离不开修辞三诉求，因此本书认为，修辞三诉求在主体间互动，彼此取得同一的过程中仍然在普遍性地运用着，因此采纳了伯克提出的“同一”修辞观并不意味着就要彻底地扬弃亚里士多德的修辞三诉求理论，所以本书将修辞三诉求也作为本修辞批评模式中的一个重要的要素。

具体到本修辞批评模式中，人品诉求体现在两个方面，一方面是对话语事件中的相关社会角色的人品的表征，另一方面是对修辞者本身的人品的彰显；情感诉求体现为通过对交际对象的情感的调动来影响其对话语事件中的社会角色的态度、看法、行为等；理性诉求体现为以具体事实和逻辑论证来影响交际对象对话语事件中的社会角色的认知。

本修辞批评模式对这一要素的批评标准在于是否影响了交际对象对话语事件中相关社会角色的情感态度、理性认识甚至于相应的行为，以及这种影响的程度；是否树立了修辞者本身以及话语事件相关社会角色特定的道德品质形象，以及这种形象的被接受、被认可程度。

2.4 语境操控

“语境”这一术语在文献中最早见于马林诺夫斯基（Malinowski）在1923年发表的《原始语言中的意义问题》一文，在该文中，他将语境区分为“情景语境”（context of situation）和“文化语境”（context of culture）。前者指的是跟言语交际行为直接相关的客观因素；后者指的是言语交际活动的参与者所处的整个文化背景。这一分类旨在解释语言跟社会活动之间的相互关系，空前地强调了语境在语义研究中的重要性。

弗斯（Firth）认为由语言因素构成的语言的上下文和由非语言因素构成的情景的上下文共同构成了语境。他提出了情景语境所包含的三种变量，分别是言语交际活动参与者的相关特征、相关事物以及言语活动带来的影响。除此之外，弗斯还进一步强调了语境及语境研究的重要性，他指出结构主义语言学由于其研究取向脱离了语境，所以无法合理地解释对语言符号的运用以及意义的产生和理解。所以，他提倡将情景语境视为一组跟语法范畴具有相同的抽象程度但却处于不同层次的彼此相关的范畴，并通过抽象化，将之运用到各种话语事件的分析之中。

韩礼德（Halliday）认为语境就是“文本在其中展开的整个环境”,① 他深入地分析了情景语境和文化语境之间的关系，认为二者是互补的，后者是前者的抽象系统，由前者具体地体现，后者的层次高于前者。他将情景语境因素归纳为三种，分别是语场（field of discourse）、语旨（tenor of discourse）以及语式（mode of discourse），认为语场制约着语言的概念意义（ideational meaning），语旨制约着人际意义（interpersonal meaning），语式制约着语篇意义（textual meaning）。而概念意义又直接影响着话语发起者对及物性系统（transitivity system）的选择，人际意义影响话语发起者对语气及情态系统（mood modality system）的选择，语篇意义影响话语发起者对主位、信息系统（thematic information system）的选择。

本书是以修辞学为本位来开展研究，因此采用了陈汝东（2011）的定义：“语境就是指在修辞过程中与修辞行为相关并对其起影响、制约作用的社会因素、心理因素以及自然因素等。”② 语境操控即是对在修辞过程中与修辞行为相关并对其起影响、制

① 王文捷，黄建凤．从海姆斯的 SPEAKING 模式探析口译员跨文化调停者角色［J］．广西民族大学学报（哲学社会科学版），2010（6）．

② 陈汝东．新兴修辞传播学理论［M］．北京：北京大学出版社，2011：118.

约作用的社会因素、心理因素以及自然因素等的调控。意义生成的过程就是语境因素和话语的互动过程（冉永平，2000，2008），语境因素能够影响话语的意义，相反地，话语也能够对语境施加反作用。这是因为语境跟情景虽有联系但也存在区别，情景是真实世界中的客观事态，而语境却存在着认知性，它虽然也涉及物质、社会等诸多层面，但是这些层面只有在经过了语用者的大脑认知加工，才能够真正地在语言的使用中发挥作用。正是由于语境的认知性特征，所以语境是建构于交际的动态互动之中的，它并不是稳定的、一成不变的，而是可协商、可操控的。本修辞批评模式关注的是在修辞过程中与话语事件之中的社会角色形象建构这一修辞行为有关，并对形象建构起到影响、制约作用的因素。但是上述的系统功能语言学流派的观点也对本书产生了重要的借鉴意义。与之相对应地，本修辞批评模式视域下的语境操控特指在修辞的过程之中，对那些与话语事件中的社会角色形象建构相关并对其起影响、制约作用的社会因素、心理因素以及自然因素等的调控。

本模式对语境操控的批评标准包括两个方面：第一，修辞主体是否有意识地调控了跟话语事件中社会角色形象建构相关并对其产生影响、制约作用的社会因素、心理因素以及自然因素等；第二，这种调控所产生的实际效应。

2.5　框架策略

框架作为一个学术术语诞生的标志是英国学者格雷戈里·贝特森（Gregory Bateson）在1955年发表的论文《关于游戏和幻想的理论》（*A Theory of Play and Fantasy*）中对它的使用和阐释。文中写到了格雷戈里·贝特森在动物园观察猴子游戏时的一些顿悟，两只猴子看上去好像在打斗，但是周围的观察者们都明白其实它们是在以这种方式嬉戏。于是，贝特森指出框架作为传播者为受众提供的理解特定事实的诠释规则，是一个极具心理学意味的概念。

美国学者欧文·戈夫曼（Erving Goffman）于1974年在《框架分析：经验组织论》（*Frame Analysis: An Essay on the Organization of Experience*）中详细地阐述了框架的作用，指出框架使其使用者能够定位、感知、命名、确定具体的事实，人们不仅将现实中的图景纳入特定的框架之中，以便对其进行反映和理解，而且会借助框架为某一些行为赋予特定的意义。

学者潘忠党基于社会建构主义的基本思路对戈夫曼的框架理论进行了深入的解析和一定程度的发展，认为中文应当将“frame”译为“框架”，而将“framing”译为“架构”。“架构”强调的是动态属性，是建立框架的过程，架构研究考察的是社会主体用以认知世界的机制的形成过程。“框架”强调的是静态属性，是架构活动产生的结果。潘忠党总结了戈夫曼框架理论体系的四个核心论点。第一，这一理论体系是以社会建构主义作为预设而建立起来的，认为社会现实是社会主体经过社会行动和互动建构出来的，“架构分析是对人们如何建构社会现实——裁选和诠释现实生活的某一部分，将之置于某特定意义体系内的分析”。[①] 第二，人们出于建立共同的生活场景的需要而通过交往互动来建构社会现实，在这个过程当中实现了社会现实的主体间性（即由相互主观而构成的外在性）。架构分析所研究的正是主体是如何遵循话语建构的具体规则展开交往行动的。第三，在现实的场景中，不同主体在建构社会现实的叙事或话语活动中常常会互相之间发生话语的争斗，架构分析主要是从规范和经验这两个方面对话语争斗的过程展开考察。第四，在公共领域之中所发生的话语争斗是民主社会公共生活的一个非常重要的组成部分，有利于社会的良性发展，而且也是政治体制合法性的有力证明，而其本质其实就是不同的主体在各自的立场上对同样的客观现象通过不同的话语或叙事方式来进行不同的架构，从而实现讨论、争辩等，以期影响事件乃至于社会发展的走向。从这一意义上讲，架构分析考察公民是如何开展这样的公共生活的，“它是在广义的

① 宁海林. 新闻图像在现代传播中的作用研究［M］. 北京：人民出版社，2014：119.

政治传播研究领域研究商议民主的一种重要分析手段”。[①]

根据两位学者——戈夫曼和潘忠党的理论，不论是框架（frame）还是架构（framing），都包含着取舍性这一基本特征，因此美国学者托德·吉特林（Todd Gitlin）认为框架分析这一领域所研究的就是对于发生了什么、存在着什么、有何种意义这些问题进行选择、强调和表达的原则。威廉姆·甘姆森（William Gamson）指出，框架作为“话语单元的核心组织概念或故事脉络，它不仅使与该议题有关的事件有意义（make sense），而且确定了议题的性质，并逻辑地推导出一些显而易见或符合逻辑的处理对策”。[②]

凯尼曼（Kahneman）和特威尔斯基（Tversky）研究了本质相同却以不同方式呈现和表达的一组信息对人们的选择以及对选择的评价的影响，并在这一实证研究的基础上提出了“框架效应”理念，他们把“框架效应”界定为“同一组资讯经由不同的表达导致不同的决策选择”，[③] 框架效应是他们所提出的预测理论（prospect theory）的重要组成部分，该理论的核心观点在于：人们采用不同的认知框架来体验现实并采取行动，进而建构出新的现实，但有时人们在考察一些具体问题时，也会超越某一个框架，而采取不同的框架对现实做出不同的选择。可见框架对人的影响

---

① 宁海林. 新闻图像在现代传播中的作用研究［M］. 北京：人民出版社，2014：120.

② 潘忠党. 架构分析：一个亟需理论澄清的领域［J］. 传播与社会学刊，2006（1）.

③ 潘忠党. 架构分析：一个亟需理论澄清的领域［J］. 传播与社会学刊，2006（1）.

作用。

框架策略即通过选择和凸显事物的某些方面以影响他人对该事物的情感、认知、行为的策略。本修辞批评视域下的框架策略特指通过选择和凸显话语事件中社会角色形象的某些方面以影响他人对该社会角色的情感、认知及行为的策略。弗瑞斯（De Vreese）等学者将框架分为一般性（generic）框架和特殊议题（issue - specific）框架两种类型。其中一般性框架超越了具体的事件以及主题的局限，具有极强的通用性和普适性，可以被应用于各种不同的议题以及社会文化情境；特殊议题框架只适用于特定的具体的事件和议题，而不能够适用于其他的社会文化情境。詹妮·基廷格（Jenny Kitzinger）等从社会文化心理和认知的角度，将框架分为深层框架和浅层框架。其中，深层框架历史悠久，往往隐而不显，因而较少受到挑战，通常被视为理所当然。浅层框架则由于历史不长，经常受到质疑和挑战。

前人总结出九种主要的框架策略，分别是削平、添加、磨尖、同化（曾庆香、李蔚，2010）、框架搭桥、框架转变、框架借用（周裕琼、齐发鹏，2014）、框架发挥以及框架延伸（彭长桂、吕源，2014）。所谓削平，就是忽略大量的细节以使叙事变得更加简短，从而更便于叙述和理解；所谓添加，就是增加新的细节；所谓磨尖，就是突出部分细节；所谓同化，就是顺应交际对象的原有认知框架；框架搭桥即把两个或两个以上的观念一致但是结构却并不相连的框架连接成一个具有一定说服力的统一信息；框架转变即改造旧的框架甚至用新框架来取代它；框架借用即征用已有的框架来陈述自己的立场、观点等；框架发挥即强调某种特定的社会文化价值和信念；框架延伸即放大某种特定框架的价值、问题、焦虑、关切等，将其诉诸广泛而多样的群体。

此外，本书还提出了一些新的框架策略概念，分别是框架拆桥、框架限制、框架收缩以及框架固化。事实上，这几种框架策略在具体的话语实践中大量地存在着，只是之前似乎并未被从学理上总结出来，这几种框架策略一般出现在公共空间的辩论之中，在陈述对立性观点时经常使用。其中，框架拆桥是跟框架搭桥相对的，指的是把几个被关联在一起的框架拆分开，破除它们彼此之间的联系。框架限制是跟框架发挥相对的，指的是削减甚至颠覆现有的某种特定的文化价值或者信念的合法性及合理性。而框架收缩是跟框架延伸相对的，指的是缩小某个框架的问题、价值或焦虑，进而尽可能地缩小其影响。但是，框架固化跟框架转变却并不是完全相对的，框架固化指的是将浅层框架根深蒂固，转化为深层框架。框架固化的难度是所有框架策略中最高的，因为它不只需要很多其他框架策略的支撑，比如框架搭桥、框架发挥、框架延伸等，而且还需要经历时间的检验，有时甚至需要特定的政治、经济、文化条件，正如米歇尔·福柯所论说的权力、知识与真理之间的关系一样，“权力不是压制性的，而是生产性的，权力生产知识、生产真理，知识、真理又为权力效力，知识与权力的结盟是现代性的主要特征”。[①] 框架固化就是将某一话语框架深入人心，使其固化为人们心理的底层意识，甚至使人对其习焉不觉，认为是理所当然。

对框架策略的评价标准在于对话语框架的征用、创设以及对话语框架之间的关系的整合、把握等是否符合以及在多大程度上符合实现修辞动机的需要，及其给话语事件中社会角色形象建构所带来的影响。

2.6 签署手法

第三章论述了用“签署手法”取代“签署矩阵”的进步性，签署手法，即运用符号系统生产并表达话语的方法，具体到本修辞批评模式中特指运用符号系统建构话语事件中的社会角色形象的方法。它具有微观层面的话语实操意味。签署手法不仅适用于书面语，同时也适用于口语。

伯克给“人”下的定义是：“人是使用符号的动物，是否定的发明者，通过自己制造的工具与自然环境相隔离，受到等级精神的驱使，在对完美的追求过程中逝去。”[②] 符号本身正是一种象

---

① 胡颖峰．规训权力与规训社会——福柯权力理论新探［J］．浙江社会科学，2013（1）．

② Burke，K. *On Symbols and Society*［M］. Chicago：The University of Chicago Press，1989：70.

征系统，因此签署手法本质上是一种象征手法。伯克指出运动（motion）和行为（action）是两个相对的概念，前者是生物学、生理学、物理学意义上的现象，比如人的生老病死、人体的新陈代谢、身高和体重的变化等；后者则涉及人的动机，它尽管也伴随着人的动物性，但是本质特征却是意念性。它牵扯到人的价值观、能力、社会的伦理道德等方面。因此，人和其他动物的区别不在于运动，而在于行为。象征是有动机、有意识的，它也会涉及观念、能力、伦理，所以象征是行为而不是运动。只有人才能实施象征行为。也正是这个原因，伯克后来把对人的定义简化成了“独具象征能力的动物”。① 象征行为的本质性特征在于人能够创造、学习和使用象征系统，语言就是非常典型的一种象征系统。正是凭借语言这种象征系统，人类才建立起了概念跟与概念相对应的事物之间的辩证关系。词语不是简单地指称了事物，而是抽象出了事物的某一些特征，在其中往往还夹杂了人对它的认识和态度，因此词语是对事物的一种超越。从事物抽象到语言符号中的词语，这是一个象征的过程。对于这一点，伯克提出了“terministic screen”这一术语，国内学者对其进行的翻译主要有以下几种：“术语规范”“术语世界”“规范网”“术语屏”“词语滤镜”和“辞屏”，由于本研究的核心问题是修辞批评，所以采用了“辞屏”这种翻译方式。

“辞屏”是一个通过类比的方法提出的概念，伯克从摄影艺

① 转引自姚喜明等．西方修辞学简史［M］．上海：上海大学出版社，2009：244.

术中得到了启发。伯克（1989）写道："谈到'辞屏'时，我想起曾见过的一些照片，这些照片呈现的是完全相同的物体，其差别就在于拍摄时使用了不同的滤色镜。呈现相同事实的照片可以表现出明显的差异，这取决于摄影师使用的不同的滤色镜。"① 语言中的辞屏也相当于摄影时的滤色镜。语言在描述事物的一些侧面的同时也遮蔽了其他的侧面，它为我们提供了观察和认识的角度，虽然语言是对现实的反映，但是这种反映是有选择性的，在反映出事物的一部分特征的同时，也遮蔽了另一部分特征，在突出了某个方面的同时也忽略了其他的方面。比如形容词"冷"和"热"，表现了事物的温度特征却没有体现出事物在其他方面的属性，因此语言在反映现实的同时也是对现实的某种程度的背离，辞屏的这种选择性和背离性从认识论的角度而言是人类深陷其中却无法改变的一种困境，因为脱离了语言等符号系统人类就无法正常地进行交流，甚至无法正常地认知世界和自己，而符号这一象征系统又必然地伴随着辞屏。但是从修辞的角度而言，辞屏恰恰是人类能够进行象征行动的一个重要的基本使能条件（enabling condition）（刘亚猛，2008），因为正是由于辞屏所固有的选择性导致了象征系统能够将人的认知、情感、态度、信念系统导向特定的方向，从而实现修辞劝服和同一的功能。

辞屏理念的提出直接地驳斥了启蒙运动时期人们认为修辞无

---

① Burke, K. *On Symbols and Society* [M]. Chicago: The University of Chicago Press, 1989: 115 – 116.

法发现真理的谬误。“terministic screen”对于学术有特殊的意义，这也是一些学者将其译作“术语屏”“术语世界”“术语规范”的原因。比如对“水”的描述，物理学家发明了一套术语，化学家发明了另一套术语，生理学家发明的则又是一套术语。客观事物相同，但是不同学科使用了不同的象征符号来表达它并建构起了相应的各自不同的知识体系。大千世界中的种种事物会在人的脑海中形成意象，“意象是融入了主观情感的客观事物”。[①] 从意象到概念是一个抽象移动的过程。正是这种抽象移动，使得人类能够不受时空限制地使用语言来进行思考，进行表达，从而可以相对地和自然环境相隔离，在由语言这种象征系统编码的主观世界中天马行空。有的时候人也会由于主观方面的原因而错误地使用象征系统。抽象移动“使人与自然相隔离，直至人的动物性受象征性所支配，导致对自然条件的曲解”。[②] 由此可见，修辞是人类认知的最基本方式，没有修辞，人的认知活动便无从开展。人类正是通过修辞实现了知识的生产和传播，这是修辞学之所以重要的一个关键原因。签署手法是对象征系统的具体运用方法，其中蕴含着对辞屏的选择和应用，通过对词语等符号的精心选择和发明，将交际对象的认知、态度、情感等导向修辞者希望的方向，以实现修辞者的动机，实现修辞者和交际对象彼此的“同一”。正如 Burke（1989）所指出的：“所有的象征行为都跳跃着态度

---

① 袁行霈．中国诗歌艺术研究［M］．北京：北京大学出版社，1987：63.

② 邓志勇．修辞批评的戏剧主义范式略论［J］．修辞学习，2007（2）．

(dancing of an attitude)。”[①] 语言等符号系统，都是具有特定的意向性或倾向性的（Weaver，1970）。所以从本质上而言，言语并不是中立的（Burke，1984），而是必然地伴随着言语者的主观性。在不同表达方式之间的取舍本身已经反映着修辞者自身的价值判断和取向。在话语实践当中，主体所选择的表达方式从来不仅仅是一些单纯的语言形式（Jasinski，2001），因为这些表达方式能够引导交际对象以特定的方式去理解、分析、评价客体（Prelli，1989）。不同的修辞者运用不同的签署手法形成不同的辞屏，来表征话语事件中相关的社会角色的形象，使其形象中的某一些特点得以凸显，而另外一些特征却往往被淡化甚至于掩盖，以使得受众对之的印象朝向修辞者所希望的方向，进而实现其更为深层的修辞动机。正如鞠玉梅（2010）所指出的，“任何语言符号的使用都只不过是一个视角与另一个视角之间的竞争，其目的在于使自身所刻画的现实被人们当作真正的现实来接受。语言建构着‘现实’，创造着‘世界’”。[②]

路德维希·维特根斯坦（Ludwig Wittgenstein）称语言是生活的形式，主体的语言的界限意味着主体的世界的界限。汉斯-格奥尔格·伽达默尔（Hans-Georg Gadamer）称语言为思维方式。马丁·海德格尔（Martin Heidegger）认为语言是人类存在的家

① Burke，K. *On Symbols and Society* ［M］. Chicago：The University of Chicago Press，1989：115-116.

② 鞠玉梅. 通过“辞屏”概念透视伯克的语言哲学观［J］. 现代外语，2010（1）.

园，并指出“言语破碎处，无物存在”。① 语言等符号既是个体思维和意识中不可分割的单位，也是构成社会共享意识的不可或缺的神经元（Beaulac Stephane，2004）。由此可见签署手法的重要性，签署手法的选择是对语言符号的选择，是对表述方式的选择，而在一系列复杂选择的背后隐含着修辞者的动机，签署手法的运用使得修辞文本最终得以呈现和表达，使得象征行为最终得以实现，并通过特殊的方式直接地影响着交际对象的意识。伯克（1968）指出，一种语言形式同时也是一种经验形式，使得人们按照特定的方式去体验。因此语言具有规范作用，具体体现为规定人们的认知方式，限定人们的思维方向和视角，这种规范和限定是通过提供认识的范畴和分类的方式来实现的。接受了某一修辞者的签署手法，也就意味着接受了签署手法背后所隐藏的态度和价值观念，甚至于采取相应的某种行动。

对签署手法的批评标准是微观而具体的，同时也是呈现出多个层次的。其根本的评价标准在于修辞者是否有效地运用符号系统表征了话语事件中相关社会角色的形象。其他的评价标准主要体现为修辞者在多大程度上体现了措辞的准确、文明、得体。

---

① Heidegger M. *Ontheway to Language* ［M］. New York：Harper&Row PublishersInc，1982：60.

2.7 修辞效果

修辞效果指的就是修辞行为的结果。本修辞批评模式中的修辞效果特指对话语事件中的社会角色进行形象建构这一修辞行为所取得的结果。本书从不同角度对修辞效果进行了如下分类：

首先，从与前文相对应的修辞动机的实现角度将修辞效果分为认知效果、情感效果和行为效果。通过对认知效果的分析来评价表述动机的实现情况，通过对情感效果的分析来评价同化动机的实现情况，通过对行为效果的分析来评价祈使动机的实现情况。

其次，根据修辞效果与修辞动机之间的契合度，将修辞效果分为正效果、零效果和负效果。这里的正效果指的是实现或基本实现了修辞主体的修辞动机。零效果是指主体的修辞行为没有实现其修辞动机，但是也没有产生与其预期相反的结果。负效果则指的是修辞行为的结果与主体的修辞动机背道而驰。

最后，从修辞行为对社会的影响这一维度将修辞效果分为积极效果和消极效果。这里的积极效果特指对社会有正面影响的修辞效果，消极效果特指给社会带来了负面影响的修辞效果。

胡习之（2010）认为，对修辞效果要"围绕修辞目的，并由个人行为上升至社会行为来评价”① 作为本修辞批评模式的最终立足点，对修辞效果的评价标准包括以下几个方面：

第一，话语事件中社会角色形象建构对界定问题、因果解释、道德评价以及提出处理建议的作用；第二，对于影响交际对象对事件当中所涉及的社会角色在认知、情感、态度、评价乃至于行为等方面发挥的作用；第三，在事件的发生、发展、结束这一系列过程中所发挥的作用；第四，给整个社会带来的影响。这四个方面分别是从微观到宏观过渡的四个层级，前面的层级是后面层级的基础。

第一个方面瞩目于话语行为的实施者本身的语篇内部内容关系问题；第二个方面瞩目于对交际对象的影响程度；第三个方面瞩目于修辞行为对事件的发展的作用，由于一个事件中往往会涉及很多主体、多种因素，而已经不再是单纯的受众问题，所以这一层面的视角考察的修辞效果往往是间接效果，是由一系列塔罗牌式的连锁反应造成的，需要其他社会成员的共同参与来最终实现，而不是靠某一个修辞者的个体行为；第四个方面则是从蝴蝶效应的视角来考察话语事件给全社会带来的某些影响，当然重点仍然是话语事件中相关修辞主体对有关的社会角色进行形象建构这一修辞行为所带来的修辞效果，只是在这一层面不是在封闭的视域中就事论事，而是要把眼光完全开放到极为宏观的程度。

---

① 胡习之．论修辞效果及其评价［J］．福建师范大学学报（哲学社会科学版），2010（4）．

第三章　模式的分析工具及操作方法

本模式的主要分析工具包括话语包理论、系统功能语法以及评价理论。其中系统功能语法和评价理论都已经比较成熟，而话语包理论目前仍存在着一些缺陷，因此本章着重探讨了对话语包理论的完善问题，并在对三大理论工具进行分别阐述的基础之上，探讨了三者之间的深层关系，说明了彼此之间的互补性。此外，在第二章内容的基础上，从系统论的角度阐明了模式中七大要素间的深层关系，并论述了这一修辞批评模式的具体操作方法。

3.1　话语包理论概述

话语包理论（discourse package theory）是框架分析的重要方法，“框架即通过强调某种定义，某种因果解释，某种道德评判，以及推荐某种解决办法以选择和凸显事物的某些方面”。[①] 框架作为隐藏在各种可见文本符号背后的“元传播”结构，是各种象征符号组构成篇的组织原则，蕴藏着文本的深层意义。Gamson & Modigliani（1987）指出，成熟的框架分析应包括以下三部分：一是关注生产过程；二是考察文本；三是关注在意义协商中受众与文本之间的互动过程。

威廉姆·甘姆森（William Gamson）于1981年发表了《阿以冲突的政治文化》（*The political culture of Arab - Israeli conflict*）一文，在这篇文章中他首次提出了“话语包（discourse package）”这一研究理念，并且在论文中实际应用了这一全新的话语分析方法。

话语包理论也被称作“诠释包裹（interpretive package）”理论，是话语分析的一种方法论，认为框架作为一组具有逻辑组织的装置，是由不同元素组合而成的。完整的语篇可以根据内容被划分为若干个话语包，在每一个话语包当中都包含着一个“签署矩阵（signature matrix）”，它“反映了话语包的核心框架以及话语包在简略的表达方式中所处的位置”。[②] 签署矩阵又可以进一步分为框架装置（framing device）和推理装置（reasoning device），框架装置当中包含着标签、隐喻、范例、关键短语、描述和视觉

---

① Entman, R. M. *Framing: Towards Clarification of A Fractured Paradigm* [J]. Journal of Communication, 1993 (4).

② 朱丹红，黄凌飞. 中央电视台东莞扫黄报道的框架分析 [J]. 兰州大学学报（社会科学版），2014 (4).

图像；推理装置当中包含着根源、结果和体现的原则。其中，框架装置当中的标签和关键短语很容易混淆，但二者是有一定区别的：标签相当于论文当中的标题，是话语包主旨的高度浓缩；而关键短语相当于论文中的关键词，是对话语包中标签的进一步具体的诠释。框架装置中的各个要素比较易于理解，但是推理装置当中的三个元素却较为抽象：根源指的是事情发生的原因机制；结果指的是事情已经呈现的或者可以预见到的结局；体现的原则是指事物发展的规律以及处理事务需要遵循的社会伦理道德原则和规章制度。他认为框架装置的主要功用在于介绍所发生的事情；推理装置的主要功用在于解释事情发生的原因以及提出问题的解决方案。在具体的现实文本的每个话语包中，框架装置都是显性地存在的，因为脱离了框架装置话语包就失去了存在和发挥作用的可能；但是推理装置却可以是缺位的。

后来梵·郭璞（Van Gorp）对话语包理论做了重要发展，他从话语学的角度出发，认为框架分析的首要任务就是梳理出语篇当中所包含的话语包，并指出框架装置中包括词汇选择、描述、评论、隐喻、视觉图像和范例，推理装置中包括界定问题、因果解释、道德评价以及处理建议。“细分这些框架元素可以深究框架背后的文化内涵，框架之间的装置差异以及框架之间的互动——如对话或竞争关系。”① 话语包作为框架的组成部分，其签署

① 刘佩.“走出去”十年：中国企业海外危机西方媒体话语分析——以甘姆森“诠释包裹”框架理论为分析路径［J］. 新闻界，2015（11）.

矩阵的设计都是“从表述整体的角度出发的，这个整体已先在我们的言语想象中出现，并决定着我们的选择”，[①] 而这个整体其实就是框架。

除《阿以冲突的政治文化》以外，甘姆森还曾经应用话语包理论对美国媒介话语中的核能议题、社会保险政策改革议题、堕胎议题等进行分析，均造成了很大的影响。本森（Benson）将以甘姆森为代表的建构主义媒介话语分析理论跟以卡斯特尔为代表的媒介空间理论以及以哈贝马斯为代表的公共领域理论并称为“社会与政治传播”研究的三大模式，而甘姆森的建构主义媒介话语分析的主要路径恰恰就是话语包分析法。

3.2　话语包理论的不足

尽管话语包理论自问世以来造成了巨大的影响，但是这并不意味着它是完美的，事实上，一些学者已经指出了这一方法论的不足之处。

潘忠党（2006）认为，“甘姆森对签署手法的编码原则、签署手法与框架的组合等细节语焉不详，其他学者在采用中难以统

① 巴赫金．言语体裁问题［M］．巴赫金全集第四卷．晓河，译．石家庄：河北教育出版社，2009：163.

一”。[①] 本书也赞同这一观点。虽然梵·郭璞等学者对甘姆森的话语包理论做了重要的发展，但是本书认为目前的话语包理论仍然存在以下问题：

第一，对“话语包”这一概念的真正理论内涵缺乏明确的界定。

第二，对话语包与框架之间关系的阐释出现了自相矛盾之处。Gamson（1981）认为每一个话语包中都包含着一个框架，但在文中又指出框架是由话语包组成的，而且在具体的分析中是将话语包作为框架的组成部分来处理的。

第三，框架装置部分的理论要素的层次不够清晰。梵·郭璞提出的“描述、评论、隐喻、词汇选择、范例和视觉图像”这几个要素之间存在包含关系，因此不应放在同一平面上进行处理。描述和评论是两个相对的顶层范畴，隐喻、词汇选择、范例和视觉图像都是为描述和评论服务的。此外，词汇选择和视觉图像都可以运用隐喻这一修辞手法，所以把隐喻和词汇选择、视觉图像放在同一平面也值得商榷。而且，框架装置中同时存在着描述和范例两项，事实上对范例的陈述本身也属于描述行为，那么描述和列举范例之间便存在着“你中有我，我中有你”这样一种关系。这里还明显混淆了话语和符号。话语是意义的社会生产；符号“是用以代表社会成员共同约定的某种意义的标识”。[②] 话语的

① 潘忠党．架构分析：一个亟需理论澄清的领域［J］．传播与社会学刊，2006（1）．

② 郭晓科．政治传播教程［M］．北京：法律出版社，2015：40.

生成、表达和理解都离不开符号，但是话语本身却不等同于符号。在梵·郭璞提出的框架装置的各要素中，描述和评论属于话语层面而非符号层面，但视觉图像却属于符号范畴。甘姆森提出的框架装置也存在着同类性质的问题，要素之间也存在着包含关系，而且也混淆了符号和话语。符号本身和对符号进行发明、选择、组合以及应用是两回事，不应该放在一起进行讨论。

第四，框架装置当中所包含的话语要素明显不全面，只是杂糅了语言学、修辞学、话语学当中的部分元素而提炼出这样的一个研究方法，但是很多其他关键元素却被忽略掉了，比如转喻这种对构建现实十分有用的修辞方式，以及对语法形式的选择等，这会直接降低这一分析方法的实用性。事实上，随着人们不断地发明新的符号以及新的话语实践方式，框架装置应当是开放的集合而非封闭的，把框架装置视为封闭的集合会带来很大的局限性。

第五，推理装置的定位有待于提高。正如上文所述，甘姆森的本意是用框架装置来介绍所发生的事情；用推理装置来解释事情发生的原因以及提出问题的解决方案。但是他所提出的框架装置中恰恰包含了“范例”这个要素，如果只是单纯地描述一件事情的始末，其实是不需要范例的，运用范例往往是为了说理、评论。所以，梵·郭璞在框架装置中增加“评论”这一项应该也是基于这样的考虑。就这一点来看，甘姆森其实是自相矛盾的。既然框架装置中包含着“评论”这一要素，那么事实上框架装置的作用已经不只是在介绍所发生的事情了，而是有述有评，因此框架装置其实和推理装置之间存在着交集。梵·郭璞认为，推理装置包含界定问题、因果解释、道德评价以及处理建议，这比甘姆森提出的“根源、结果和体现的原则”更加全面，也更有解释力。因为“根源、结果和体现的原则”这三项只相当于梵·郭璞推理装置中的“因果解释”这一项，所以甘姆森总结的推理装置元素并没有起到他所说的提出问题解决方案的作用，而仅仅起到了阐述事情发生的起因的效果。虽然梵·郭璞总结的“界定问题”“因果解释”“道德评价”“处理建议”确实是新闻传播文本的主要内容，但是这里其实仍存在着一些问题。通过前文论及的框架的定义可见，问题界定、因果解释、道德评价以及处理建议是四种主要的框架化机制（Framing Mechanism），也即框架形成的途径和方法。这几种框架化机制会在文本中形成相应的内容模块，使得文本具有从特定立场出发的劝服功能。各个模块内部的内容往往非常集中紧凑，而不是散见于篇章的各个部分，这是导致语篇中有的话语包里包含推理装置而有的话语包却不包含，有的话语包具备推理装置四要素中某个或某些要素但却并不具备所有要素的根本原因。因此，机械地归纳每一个话语包的签署矩阵中的推理装置会得出参差不齐的结果，而且更重要的是会把语篇中的内容线索和逻辑关系切分得支离破碎，反而不利于分析。所以，对问题界定、因果解释、道德评价、处理建议的认识不应局限于解释事情发生的原因以及提出解决问题的方法这个层次，而应当上升到架构（framing）这个高度，上升到这一高度之后思路才会更加宏观，才能够解释之前不能解释的问题，并能够对话语包理论做出完善和发展。框架化机制其实远远不局限于上述四种，社会角色形象建构也是重要的框架化机制，而且随着实践的不断发展，还会有更多的方式，因此它也应该是一个开放的集合。事实的本质是每一种框架化机制都会形成相应的内容模块抑或是说意义模块，而这种模块就是话语包抑或是诠释包裹，所有的框架化机制综合起来就形成了框架。

第六，在操作步骤方面存在问题。话语包分析方法在操作中的第一个步骤就是总结每一个话语包的签署矩阵，但是正如上文所述，签署矩阵中的框架装置和推理装置均存在着理论缺陷，所以把签署矩阵的定位作为分析的第一个环节大大影响了这种方法的有效性和解释力。

第七，一个完整的语篇中有时只体现着一个框架，这种情况被称作“框架独白”。但有时却不止一个，这种情况下就涉及不同框架之间的关系问题，当语篇中有两个及两个以上的框架时，从属于不同框架的话语包彼此之间是怎样的关系，这些话语包是如何被有机地联系在一起并整合成为完整的语篇的，它们又是如何体现出不同框架之间的张力关系的，当前的话语包理论还没有做出回答。

3.3 对话语包理论的发展

鉴于以上问题，本书对话语包理论进行了如下完善和补充：

首先，明确描述话语包的理论内涵及其特征：话语包是框架的组成部分，特定的框架化机制会形成特定的话语包。作为隐藏于文本背后的“元传播结构”及其组成部分，框架和话语包并不直接地出现在语篇中，但是会通过签署手法体现出来。这样一来，话语包的定义以及它和框架之间的关系就得到了明确，而且本书借鉴了潘忠党的方法，用“签署手法”取代“签署矩阵”。签署手法中包括了描写、评论、对各种符号资源（包括词语、语法形式、视觉图像等）的发明、选择、组合等，既涵盖了原话语包理论中框架装置的全部内容，也包括了其并未概括出的内容。这样一来可以避免上文所述的签署矩阵本身的理论问题，而且签署手法更体现对符号的灵活运用及创造，更具话语实操意味。如此一来，话语包分析法的首要步骤便不再是机械地寻找每一个话语包内部的签署矩阵，机械地按照所谓的框架装置和推理装置中所包含的理论要素来分析文本，而是具有了更强的开放性、灵活性、科学性和解释力。

此外，借鉴赵鼎新的文化资源库理念，本书提出“框架化机制库”这一全新概念。所谓“框架化机制库”，就是所有的框架形成机制的聚合，其中除了包括上文所提及的“界定问题”“因果解释”“道德评价”“处理建议”之外，还包括“社会角色形象建构”，随着实践的不断发展，还会再包括其他的机制，所以，框架形成机制库是一个开放的集合，可以不断地被丰富，这体现了理论随实践的发展而发展这一原理。“道德评价”和“社会角色形象建构”这两种框架化机制之间是存在着交集的，但是并不完全重叠。这是因为对社会角色的道德评价同时也是社会角色形象建构的一条途径，但是这并不意味着道德评价就是社会角色形象建构的子集，完全被社会角色形象建构这一范畴所包含，因为道德评价的对象不仅限于社会角色，还可以针对某一种社会现象、某一种社会行为，比如对行贿受贿这种不正之风进行道德评价，这里就未必是指向特定的个体或群体，而是可以指向客观存在着的、隐匿的、大量的社会事实。与之类似的，因果解释和处理建议之间有时也存在着交集，即处理建议有时也是“果”的一部分，比如小孩子在长身体的时候不能缺乏营养，所以要多给孩子吃富含营养的食物。这里“多给孩子吃富含营养的食物”既是因果关系当中的“果”，也是处理建议。但是，这并不意味着处理建议就只是因果解释的子集，比如雾霾严重地影响着人们的健康，所以一定要防霾治霾，具体可以采取转变工业发展模式、车辆限行等措施。这里的前两个小句表现的是因果关系，而第三个小句则是处理建议，这里的处理建议话语包尽管和因果关系话语包之间存在着紧密的关系，但是并不被因果关系话语包所覆盖、所包含。

本书对话语包理论进行了创造性应用。之所以说是创造性应用，是因为话语包理论在此之前一直主要被用于分析新闻媒体所制作的文本，但是本书用它分析了公文语篇和医疗语篇，并且证明了话语包理论在这些文本分析中的实用性和解释力。所以本书也在一定程度上拓展了话语包理论的应用范围。

3.4 系统功能语法概述

根据系统功能语法，语言具有概念功能、人际功能以及组篇功能这三大纯理功能，其中概念功能包含着两个部分，即经验功能（experiential function）和逻辑功能（logical function）。逻辑功能是指语言对两个或多个意义单位之间逻辑关系的表达，其表现形式是扩展和投射。扩展即是某个词或小句在语义上对另一个词或小句进行扩充，它内部又分为增强、延伸、详述三种类型。增强即是通过交代具体的环境因素对小句的语义进行说明；延伸即是在原来的语义基础上添加新内容；详述就是变更一种新的说法来表达已经表述过的语义。投射即通过一个小句引出其他小句。

经验功能是指语言对人的经历的表达，不仅包括所发生的事，也包括所牵涉的人和物以及相关的环境因素。及物性这一系统属于经验范畴，其作用就在于“把人们在现实世界中的所见所闻、所作所为分成若干种‘过程’（process），即将经验通过语法进行范畴化，并指明与各种过程有关的‘参与者’（participant）和‘环境成分’（circumstantial element）”。[①]

Halliday 认为，语言中的及物性系统把人类的经验分为言语过程（verbal process）、行为过程（behavioral process）、物质过程（material process）、存在过程（existential process）、关系过程（relational process）、心理过程（mental process）这六种不同的过程。言语过程即运用语言交流信息的过程（a process of saying）；行为过程即呼吸、颤抖、心跳等生理活动过程（a process of behaving）；物质过程即操作特定事情的过程（a process of doing）；存在过程即表示有特定的某物存在的过程（a process of existing）；关系过程即反映事物之间所处关系的过程（a process of being）；心理过程即表示反应、感觉、认知等心理活动的过程（a process of sensing）。

六种过程中，关系过程比较复杂，它内部又包含着归属和识别这两个小类，而这两个小类又分别可以再进一步分为“内包式”“环境式”“所有式”三种。Halliday 还给上述的六种过程区分了相对应的主要参与者：讲话者、讲话内容、受话者和目标是言语过程的主要参与者；行为者是行为过程的主要参与者；动作者和目标是物质过程的主要参与者；存在物是存在过程的主要参

① 胡壮麟，朱永生，张德禄，李战子．系统功能语言学概论［M］．北京：北京大学出版社，2008：75.

与者；载体和属性、识别者和被识别者是关系过程的主要参与者；感知者和现象是心理过程的主要参与者。另外，还有两类参与者，即受益者和范围。受益者包括领受他人给予之物的领受者和服务的对象；范围则“具体说明某一过程涉及面的成分”①。此外，Halliday 将环境成分的种类总结为下：

表五 Halliday 对环境成分的分类②

	类别	具体范畴（次类）
1	Extent	Distance，duration
2	Location	Place，time
3	Manner	Means，quality，comparison
4	Cause	Reason，purpose，behalf
5	Contingency	Condition，concession，default
6	Accompaniment	Comitation，addition
7	Role	Guise，product
8	Matter	
9	Angle	

为了便于理解，Halliday 将上述六种过程的语义配置结构清晰地描述如下：“物质过程 = 动作者 + 过程 + 目标；心理过程 = 感知者 + 过程 + 现象；关系过程 = 载体 + 过程 + 属性/被识别者 + 过程 + 识别者；行为过程 = 行为者 + 过程；言语过程 = 讲

① 胡壮麟，朱永生，张德禄，李战子．系统功能语言学概论［M］．北京：北京大学出版社，2008：85.

② Halliday，M. A. K. *An Introduction to Functional Grammar*（*2nd edn*）［M］. Beijing：Foreign Language Teaching and Research Press，2000：151.

话者 + 过程 + 讲话内容 + 受话者；存在过程 = There + 过程 + 存在物。”①

人际功能的表现形式是语气、归一性和情态系统。组篇功能的表现形式是主位推进模式、信息结构以及衔接方式。主位推进模式共包括放射型（主位和述位均相同）、聚合型（述位相同但主位不同）、阶梯型（前一小句的述位是后一小句的主位）、交叉型（前一小句的主位是后一小句的述位）四种类型。

3.5　评价理论概述

评价理论（The Appraisal Systems Theory）滥觞于 20 世纪 90 年代初，詹姆斯·马丁（James R. Martin）在 1991 年至 1994 年主持了一项名为“写得得体（Write It Right）”的科研项目，与彼得·怀特（Peter White）等学者集中研究了语言的表态功能，将之概括为“评价系统（The Appraisal Systems）”，进而提出了评价理论。Martin & Rose（2003：22）指明了评价理论的研究对象：评价理论是关于评价的，也就是在文本中所协商的各种不同的态度，所涉及的各种情感的强烈程度，以及表达价值、与读者取得同一的各种方式。

① 何伟，魏榕．系统功能语言学及物性理论发展综述［J］．北京科技大学学报（社会科学版），2016（1）．

作为一整套运用语言表达态度的资源，评价系统内部又包括态度（attitude）、介入（engagement）和级差（graduation）三个系统。其中态度是评价的核心，介入是评价的方式，级差是评价的程度。这里的态度特指主体心理受到影响之后对现象（phenomena）、行为（behavior）、文本形成过程（text process）等的鉴赏和判断。在态度这一系统的内部又细分为情感（affect）、判断（judgment）和鉴别（appreciation）三个子系统，其中占据中心地位的是情感，这里的情感是评价主体对被评价的客体的情绪和感受的反映，情感不仅可以通过前文所述的系统功能语言学理论中所论及的心理过程来表现，也可以通过表达态度的词语来体现，评价理论将情感细分为评注情感（affect as comment）、过程情感（affect as process）、品质情感（affect as quality）三个子范畴。这里的判断特指根据特定的标准对行为展开的价值评判，评价理论将判断细分为社会约束（social sanction）和社会评判（social esteem）两个子范畴。鉴别是对过程、实体、现象等的或积极或消极的价值观，通常用以评价物品、抽象的结构以及社会现实等，当人被视为实体而非行为者时，对人也可以进行鉴别，比如“a tall man”等。评价理论将鉴别系统分为价值（valuation）、反应（reaction）和构成（composition）三个子范畴。

态度系统和级差系统涉及的是措辞问题，而介入系统涉及的是谋篇问题，介入系统的内部又可以根据声音的来源区分为两个子范畴，即单声（Monogloss）和多声（Heterogloss），前者是对命题进行的直接陈述，不仅只陈述一种单一的观点，而且不提及信息之来源；后者是通过多种方式将多种观点纳入文本之中进行讨论，而且说明声音的来源。评价理论将多声这一范畴又细分为缩小声音来源和扩大声音来源两个部分，前者包括宣布（proclaim）和不承认（disclaim），后者包括归属（attribute）和情态（entertain）。此外，还可以根据主体之间的定位将多声细分为外部声音和内部声音。多声的实现可以通过投射、让步、情态等手段来实现。

介入系统不仅与巴赫金（Bakhtin）提出的对话理论存在着渊源关系，而且与克里斯蒂娃（Kristeva）提出的互文理论具有很大的相似性。对话理论认为任何话语都是历史的，因此也不可避免地会与其他的话语发生或间接或直接的关系，当下的话语总是处在跟其他话语组合起来的复杂链条中的一个部分，对话在书面文本中的体现就是多言性。多声现象之所以会出现的一个重要原因正是在于很多情况下语篇的构建者为了实现交际目的而故意采取了援用他者声音表达自己观点进而实现与交际对象的某种“同一”的表述方法。Kristeva（1986）指出：“任何的文本都是交互而成的文本，即互文。在当下的语篇中，现有的声音总是源自对其他语篇的压制或者引用。”① 对互文性的研究主要包括两种思路：一种是将互文性视为文本之间的交互关系，视为话语实践之

① Kristeva，J. *Word*，*Dialogue and Novel* [C]. In T. Moi (ed.)，The Kristeva Reader. Oxford：Blackwell Publisher，1986：34－61.

间的交互现象，进而从话语分析的角度探究语篇的组织者借助既有的文本和观点来构建当下文本的过程和策略；一种是从叙事学的视角出发探讨文学作品之间的对话性。巴赫金提出的对话理论是介入和互文的理论基础，介入系统更加侧重的是语篇构建者，并不涉及文体的联系性；而互文系统更加侧重的是文本本身和文本之间的关系。

级差系统与介入系统、态度系统之间是合取关系。作为跨越了另外两个系统的评价资源，级差系统表现的是态度和介入的强度，其中又分为语势（force）和聚焦（focus）两个子范畴，语势内部又细分为强势（raise）和弱势（lower），聚焦内部又细分为锐化（sharpen）和柔化（soften）。王振华（2001）指出，评价系统的焦点在于评价，而中心在于系统，语言在这一系统中是手段，通过对语言的深入分析可以评价语言使用者对特定客体的认识和情感。

3.6 三大理论工具间的关系

话语包理论着眼于框架分析，是语篇分析的一种重要方法论，对于从宏观上解构文本内容具有很强的解释力，但是正如前文所述，该理论对于文本的微观分析力有不殆。而系统功能语言学理论也存在一些缺陷，Halliday（1994）坦言，功能语法本身并非针对语篇的语法体系，主要是以小句为分析单位的。因此系统功能语法尽管对于篇章的微观分析具有科学的指导意义，但是在语篇的宏观分析方面却存在着缺陷，此外，系统功能语言学这一重要的语言学流派对于语言的人际功能的探索也是不够的，评价理论正是对系统功能语言学在人际功能这一方面的发展。

Martin（2010）坦言，评价理论并非对系统功能语言学理论的颠覆式革命，它甚至没有超出后者的基本的理论框架。语言包括音系层、词汇语法层、语篇语义层这三个层次，系统功能语言学对语法这一方面的分析较为透彻，而评价理论更集中研究的是词汇层。系统功能语言学的终极追求是要建立功能语义学和一套完整的意义系统，从而实现对意义的普遍性的描写和解释。系统功能语法侧重的是对语言的语法系统的描写，包括对人际功能的研究，因为在许多语言中，实现人际功能的语气系统和情态系统都属于语法范畴，语气的变化通常是通过句子成分在结构上的变化来实现的（比如英语），而情态和时、体、态一样也被划归到限定成分这一语法范畴之中，情态的变化构成了对命题有效性的协商。而 Martin 等学者提出评价理论正是在争取实现从语法研究向语义研究的转变和进步，该理论将态度词、情态、言据性等糅合在一起，以评价性词语作为中心，展开细致的、深入的、具体的描写和解释，而其目标就在于描写出评价的整个语义系统，进而改变以往对人际功能的研究主要从语法的角度入手的状态，发展为从语义的角度展开对人际功能的探究的新阶段。

评价系统的各个子系统作为语义的集合，属于语篇语义层，并不拘泥于语法形式，而评价词语又着眼于词汇语法层，因此评价理论对人际功能的研究既涵盖了宏观的语篇范畴，也包括了微观的词汇范畴。所以评价理论对人际功能侧重于精细具体的语义描写的特点不同于 Halliday 侧重于概括性的、一般性的语法描写的特点。

人际功能作为一种表达态度和推断，并试图影响交际对象的认知、态度、立场、行为等的特殊功能，必然涉及意义的构建、表达、传递和接受，尽管 Halliday 等对人际功能的研究主要是从语法描写的角度来展开的，但是这种描写并未忽略意义，而是从意义的角度对语法进行的研究，这一点与形式语言学的旨趣是有很大差别的。虽然传统的系统功能语言学在人际功能的研究方面存在着一些不足之处，但是对语篇功能和概念功能的探索却仍是较为成熟的，而且对这两种功能也同样是从意义的视角出发所展开的分析，本书所建构的修辞批评模式的研究对象正是对话语事件之中的社会角色形象的表征行为及文本，其中也涉及意义的建构和传播，因此系统功能语法可以而且应该作为本修辞批评模式的重要分析工具之一。

语言具有人际功能，人际意味着交际者之间的互动，抑或是说主体之间的互动，在传统系统功能语言学的视域中，这种主体间的互动集中地体现为交换层面上的互动，Halliday（1994）认为，或许将说话行为称作互动行为才是更加合适的，因为这从本质上讲是一种交换，在这个交换的过程之中，发话者的求取就意味着反应方的给予，发话者的给予就意味着反应方的接受，而交换的既可以是信息，也可以是服务和物品。这一研究虽然重视了交换过程以及言语角色的高度概括性，但是却忽略了交际者在交换之中对于意义的具体的协商过程。评价理论较传统的系统功能语言学的一个非常重要的进步之处就在于突出了立场互动而非单纯的交换互动，进而突出了交际之中对于意义的协商性。房红梅（2014）认为，主体间立场的视角主要体现在两个方面：第一，"说话人表达情感态度并不是为了客观地展示自己的情感态度，而是在与听话人进行态度立场上的协商，即与之协调关系，或拉近，或疏远"；[①] 第二，"说话人在表达介入的时候是在与各种声音、各种观点进行对话"。[②]

Halliday & Matthiessen（1999）指出："主体在交际的过程之中构建着主体间现实，即人际现实。"[③] 因此表达意义的过程往往也是创造意义的过程，而这一过程从根本上讲是修辞性的。特拉格特（Traugott）认为，所谓的主体性就是主体对客体的主观评价。在 Martin 看来，评价意义是主体间意义的一个重要维度。Martin（2012）着重强调了评价理论正是通过对主体在话语中体现的态度、情感的深入分析表现出对人际功能的研究跟传统的系

---

① 房红梅. 论评价理论对系统功能语言学的发展［J］. 现代外语，2014（3）.

② 房红梅. 论评价理论对系统功能语言学的发展［J］. 现代外语，2014（3）.

③ Halliday，M. A. K. &C. Matthiessen. *Construing Experience through Meaning：A Language – based Approach to Cognition*［M］. London：Contiuum，1999：398.

统功能语言学之间不同的侧重点的。他认为传统的系统功能语法更多地突出了主体间性，而对主体性的关注反而相对较少，因为“主体间性体现说话人对听话人的认同和关注”。[①] 但是，这并不意味着评价理论就忽略了主体间意义，恰恰相反，评价理论不仅注重对主体间意义协商的研究，而且也关注实际听话人以外的模范听话人、理想听话人、目标听话人以及潜在听话人（White，2003：275）。本书所研究的话语事件中的社会角色形象建构修辞批评，正是瞩目于人际现实平面，在修辞者对特定的社会角色进行形象建构的过程中，也伴随着对其的态度和评价，而且这些主观意识的表达本身也是表征相关社会角色形象的一种重要途径。评价理论关注的是语篇的组织者可选用的评价资源以及表达情感态度的具体方式。从接受者的角度来看，这种对意义的选择和表达的分析过程同时也是对语篇进行解构这一过程中的重要方面；而从语篇的建构者的角度来看，这正是对语篇修辞策略进行选择和运用的过程。因此评价理论适合做本模式的理论分析工具。

最早沿用话语包理论进行媒介话语研究的华人学者，曾为甘姆森在密歇根大学的社会心理学课堂中的六位门生之一的李金铨先生认为：“语言学家发展的话语分析有其渊源，比较重视微观，而作为社会学家的甘姆森的方法是从大处着眼。”[②] 事实上，这也

① 王敏，杨坤．交互主观性及其在话语中的体现［J］．外语学刊，2010（1）．

② 转引自刘琼．媒介话语分析再审视——以甘姆森建构主义为路径［J］．新闻与写作，2015（5）．

从一定程度上佐证了本书的观点，甘姆森是政治社会学家，同时也非常关注媒介传播问题，所以他一直在用话语包理论研究媒介话语，可是也许正是这样的专业背景使得他开创的话语包理论一直对操作层面的微观细节鞭长莫及，而后来学者对这一理论的发展仍然在这一方面力有不逮。

事实上，话语包理论不仅能够用于具体的语篇分析，而且可以用于话语体系的研究。一个话语体系的形成需要许多相关的修辞行为及语篇，它们彼此之间具有深层的联系，话语包理论对于揭示话语体系的构成具有极强的解释力。话语包理论与互文性理论等一样，可以广泛地被应用于社会学、文学、政治学、传播学、国际关系、法学、哲学等众多领域，成为一种超学科的理论工具，根本原因就在于其本身的特质、巨大生命力以及发展潜力。系统功能语言学和评价理论向来瞩目于从微观方面细致地考察文本，但是在宏观方面的把控却恰恰是其弱项，话语包理论可以有效地弥补这个缺陷。

3.7　模式中各要素之间的关系

本修辞批评模式最主要的特征在于它关注社会角色形象的建构在话语事件中的作用，关注形象建构跟问题界定、因果解释、道德评价和处理建议之间的关系，尤其关注前者对后四者的影响能否给其带来正向的能量，能否实现“同一”的功能，即实现交际对象和修辞者对社会角色的形象在认知、态度、行动等方面的一致。这就决定了本书必须在联系中看问题。

一个独立而完整的修辞批评模式本身即是一个系统，根据系统论的观点，任何系统都具有整体性、关联性、等级结构性的特征。所谓整体性，就是任何系统都不是各个部分的简单叠加抑或是机械组合，而是具有各个部分在孤立的状态之下所不具备的性质和功能的有机的整体。所谓关联性，就是指各要素不仅分别在整体中的特定位置上发挥着特定的功用，而且在整体之中发生着深层次的关系，彼此影响，互相作用。所谓等级结构性，就是指系统作为由各个不同的要素按照一定的比例、方式、秩序组合而成的有机整体，是有特定的结构和层次的。系统作为一个整体的功能和性质，不仅取决于各要素本身的特质，而且取决于这些要素组合的结构和层次。

本模式是由七大要素组合而成的，体现了作为系统的整体性。在本修辞批评模式的七大要素中，修辞伦理处于最高平面，这不仅是对东西方古典修辞学的基本理念的继承，也是现实的修辞批评实践的客观要求，更是社会文明、精神文明、政治文明建设的题中之义。修辞伦理这一要素在分析、判断、评价修辞动机、修辞行为、修辞效果乃至于修辞主体的过程中都具有统摄性、指导性的意义。修辞动机是修辞行为的驱动力，修辞行为是对修辞动机的落实，涉及实现修辞动机的全过程，并最终产生修辞效果。

这一点体现了本模式作为一个系统的关联性。修辞三诉求、语境操控、框架策略、签署手法是修辞行为的具体表现和实现方式，而在这四个要素中，修辞三诉求着眼于宏观层面，语境操控和框架策略着眼于中观层面，签署手法着眼于微观层面。这一点体现了本模式作为系统的等级结构性。修辞效果是本模式的最终落脚点。修辞行为发生于特定的语境之中，并最终产生语篇，因此对修辞行为的考察也主要依托于对语境和文本的考察。

3.8　模式的操作方法

3.8.1　修辞批评的一般方法

各种修辞批评模式在操作方法方面是存在着一些共性的。关于修辞批评的一般方法，前人做过许多有益的探索，主要分为三步论和四步论。其中三步论主要有以下观点。Campbell（1972）认为，修辞批评普遍性的三个步骤依次是确定话语的特点，分析该话语的内部运作机制跟语境的关系，创建或者选择一个批评系统对话语行为的效果进行评估性判断。李克、王湘云（2014）认为修辞批评的三个步骤依次是描写、解释以及评价。

四步论主要有以下观点。Foss（2004）认为修辞批评带有普遍性的四个总体步骤依次是提出问题，选择文本；选择分析工具；分析文本；进行评论。Campbell & Burkholder（1997）则认为，修辞批评普遍性的四个步骤依次是描述、分析、阐释以及评价。

可见前人尽管论述的细节各有一些不同，但是大体却是一致的。这些思想为本修辞批评模式提供了有益的借鉴。

3.8.2 本模式的具体方法

修辞批评模式众多，全部采用相同的操作方法既不能体现各个模式的区别性特征，也不能够满足其异质性需求，因此是不符合客观实际的。上述的三步论和四步论是在总结了多种修辞批评模式操作步骤的特征基础上归纳出的共性，但是具体到每个模式的内部，还会结合自身的目标和研究对象、研究内容制定更加具体化的操作环节。因此，正如 Benson（1993）所言："与其尝试一种单一的、终极的范式，不如欢迎多元的、异质的批评方法。"①

在操作方法方面，本模式借鉴了话语包分析法。话语包是框架的组成部分，特定的框架化机制会形成特定的话语包。本修辞批评模式的操作方法总共包含以下三步：

第一步，梳理文本中的话语包。

---

① Benson, T. W. *Landmark Essays on Rhetorical Criticism* [M]. Davis, CA: Hermagoras Press, 1993: 17.

第二步，运用系统功能语法、评价理论、修辞学理论、言语行为理论等对话语事件中社会角色形象建构这一话语包的修辞方法及过程进行深入分析和评价。

第三步，对社会角色形象建构这一话语包给其他话语包、话语事件乃至于全社会造成的影响进行分析和评价。

本修辞批评模式不仅着眼于文本的内部，也着眼于文本与其他文本之间的关系，更着眼于社会角色形象建构这一话语实践行为与其他社会实践行为之间的关系。

第四章　非争议性话语事件相关文本修辞批评举隅

本章中的教师队伍建设改革事件是一起典型的非争议性话语事件。之所以将其作为非争议性话语事件的典型案例来探讨，有以下几点原因。第一，全面深化新时代教师队伍建设改革，不仅事关全国广大教师的切身利益，也关乎受教育者和无数家庭的未来，而且关乎我国的教育事业的发展前途，进而能够影响中华民族伟大复兴的总体大局。对于教师这一社会角色形象的话语建构影响着整个改革实践的效果。第二，在这一重大社会事件中，改革的意见得到了社会的广泛支持，并未受到舆论的反弹，可见其是非争议性的。在这一事件中，起到关键性作用的是中共中央、国务院于 2018 年 1 月 20 日颁布的《关于全面深化新时代教师队伍建设改革的意见》，因此本章对这一语篇展开修辞批评。

4.1　教师队伍建设改革事件背景及进程

2017年10月18日至10月24日，中共十九大胜利召开，大会指出中国特色社会主义已经迈入新时代，我国不仅要全面建成小康社会，而且要把我国全面建设成社会主义现代化强国，新时代我国社会的主要矛盾已经转变为人民日益增长的美好生活需要和不平衡不充分的发展之间的矛盾。教育事业的发展离不开教师。在这一历史背景下，为了实现我国教育事业的繁荣发展，中共中央、国务院于2018年1月20日颁布了《关于全面深化新时代教师队伍建设改革的意见》。

4.2　修辞批评

4.2.1　梳理文本中的话语包

《关于全面深化新时代教师队伍建设改革的意见》（以下简称《意见》）共包括了四个话语包，分别是社会角色形象建构话语包、问题界定话语包、因果解释话语包、处理建议话语包。各个话语包的具体内容详见附录一。[①]

4.2.2 形象建构修辞要素分析

本节对《关于全面深化新时代教师队伍建设改革的意见》(以下简称《意见》) 中的相关社会角色形象建构这一话语包展开深入的分析和评价。

4.2.2.1 签署手法

在教师形象建构的第一个小句复合体中，前两个小句体现的均是系统功能语言学意义上的物质过程，施动者均为教师，目标分别为传播知识、思想、真理的历史使命和塑造灵魂、生命、人的时代重任，动作过程则体现为承担和肩负，运用主动语态进行表述更加凸显了教师们以积极的工作姿态推进着历史车轮前进的人类灵魂工程师形象，其中“肩负”一词巧妙地运用了隐喻辞格，目标认知域为担负艰巨而重要任务的负重和隐忍，源认知域为用肩膀扛起重物的艰辛，由于隐喻是概念图式形成的重要途径，且具有不可证伪性，[②] 因此有助于教师的光辉形象在受众的脑海中形成深刻的烙印。这两个小句形成并列关系，说明教师在上述

---

① 附录一引号中的内容全部出自新华社. 中共中央 国务院关于全面深化新时代教师队伍建设改革的意见［EB/OL］. 中国政府网，2018－01－31.

② 甘莅豪. 媒介话语分析的认知途径：中美报道南海问题的隐喻建构［J］. 国际新闻界，2011 (8).

两个方面发挥着同等重要的作用，传播知识、思想、真理不仅体现了教师的职业属性，更建构出学问精深的知性形象；塑造灵魂、生命、人不仅再现了教师的工作对象，更建构出教师春风化雨的育人形象。

第三、四个小句体现的均是系统功能语法意义上的识别类关系过程，其中被识别者均为教师，而识别者分别是教育发展的第一资源和国家富强、民族振兴、人民幸福的重要基石，两个小句也呈现出并列关系，说明教师在上述四个方面均发挥着举足轻重的作用，这里运用了评价理论意义上的鉴别资源来凸显教师的价值，整个小句复合体运用放射型主位推进模式，有助于保证信息的平稳流动，集中建构教师的形象，运用肯定性归一度，体现的是对教师重要性的确认，排比辞格的运用增强了语势，使得对教师光辉形象的建构不容置疑。

第二个小句复合体体现了系统功能语言学意义上的一系列心理过程和物质过程。四个小句之间形成了延伸式扩展型逻辑语义关系，通过对判定和鉴别资源的运用高度地评价了教师的付出，结合放射型主位推进模式，建构出广大教师具有丰功伟绩的社会形象。

4.2.2.2　语境操控

第一个小句复合体中前两个小句中的“历史使命”和“时代重任”这两个定中短语作为目标，是对新时代这一客观情境的适切，而且为下文铺设了必要的前提，是自觉调控语境的表现。

第二个小句复合体中“不忘初心，牢记使命”是2017年党的十九大主题中的第一句，这里的第一个小句“广大教师牢记使命、不忘初衷”正是语境操控的表现，既顺应了十九大的语境，又彰显了广大教师的使命感和责任感，为下文铺设了语境。

4.2.2.3 框架策略

第一个小句复合体中前两个小句通过框架发挥策略的运用歌颂了教师的奉献精神。第三、四个小句对范围的强调正是通过对框架延伸策略的运用，说明这种价值不仅体现在教育领域自身，而且影响整个社会。

第二个小句复合体从第二个小句到第三个小句运用了框架延伸策略，说明了教师做出的贡献不仅仅是向学生讲授知识和做人的道理，更在于对知识的生产和社会服务，受益者不仅仅包括学生，还包括全体社会成员。

4.2.2.4 修辞三诉求

第一个小句复合体集中体现了修辞三诉求中的理性诉求，第二个小句复合体则同时体现了修辞三诉求中的理性诉求和情感诉求。

4.2.2.5 修辞动机

正如《意见》所述，该意见的出台旨在解决我国教育战线目前存在的以下问题：第一，一些地方在推动教育事业发展的过程中，轻视内涵和软件，只重外延和硬件，对教师工作一直不够重视；第二，师范教育体系有所削弱；第三，一些教师自身的综合素质差强人意；第四，教师这一职业由于待遇和社会地位等因素导致吸引力较弱；第五，城乡师资分布结构不够合理；第六，教师职业目前在招聘、晋升、退出等方面机制建设不够健全。在《意见》全文的六大部分内容中的第一部分“坚持兴国必先强师，深刻认识教师队伍建设的重要意义和总体要求”里的第一点——战略意义中集中进行教师形象建构，就是为了醒目地说明教师这一职业对于社会发展的重要性，对教师形象的建构是通过两个表述性的小句复合体实现的，根据肯尼斯·伯克的动机语法理论，表述语言具有双重内容，首先是叙述事物的性质，此外也包含着行动方案。通过这种形象建构实现下文提出的改革措施——将社会资源向师资队伍建设倾斜的正当性及合理性，这是《意见》建构教师形象的修辞动机。

本案例中的表述动机体现为向受众强调教师在社会发展中扮演的重要角色以及所做出的不可磨灭的贡献；同化动机体现为使受众对教师这一群体产生进一步的认同、理解、尊重，进而能够拥护全面深化新时代教师队伍建设的改革措施；祈使动机体现在促使各级党委及政府、各相关部门及个人积极落实《意见》中的改革方案，使其从话语实践层面推进到社会实践层面。对教师形象的建构是符合其职业特征及从业者的实际作为的，目的是为了使改革话语能够被广大受众所接受，而改革措施本身是科学的，因此修辞动机不仅符合教师本身的利益，也符合教育事业发展的需要，符合人民对有质量的、公平的教育的向往，是值得肯定的。

4.2.2.6 修辞效果

在《意见》颁布以后，中国教育报、光明日报、人民日报等媒体进行了大量相关的采访和调研，并报道了公众对《意见》的反馈。这些报道显示，教师普遍对于自身的形象定位有了更加深刻的认识，使命感进一步增强，并表示要加强政治学习，提升师德水平。学校领导们纷纷表示要更加重视教师的作用，重视学校的内涵式发展，关心教师，为其创造更好的发展环境。各级党委和政府的负责人也纷纷表态，要在编制、福利待遇等方面为教师创造更好的生活条件，并将此作为一项重大的政治任务和民生工程常抓不懈。其他的非教育领域工作人员也表示高度赞成《意见》中的改革举措。可见，《意见》中对教师形象的建构使社会各界对教师对于教育事业的重要性以及师资建设的必要性达成了广泛的共识，使改革措施得到了各界人士的广泛认同，并且实现了将一系列优惠政策向教师队伍倾斜的正当化、合理化，有助于改变以往教育领域不符合新时代要求的制度。对教师形象的建构实现了修辞动机，取得了正效果，取得了社会的积极响应，属于积极效果。

4.2.2.7　修辞伦理

《意见》中对教师形象的建构不仅符合其职业特性，而且符合广大教师的实际作为，因此符合符号真实应与客观真实相吻合这一基本的修辞伦理，体现了修辞立其诚的基本原则。另外，对其重要作用和卓越贡献的高度评价正是对广大教师的肯定，符合中华民族尊师重教的传统文化，契合了修辞伦理的民族性要求。修辞动机是为保证符合时代需求的改革措施的顺利实施，不仅是为了保证教师的合理利益，也是为了中华民族的共同利益、长远利益，因此符合修辞伦理的利他性、利群性要求。修辞效果方面给社会带来了尊师、爱师、重师的良好氛围，符合精神文明建设的要求，符合新时代建设教育强国这一宏伟目标的客观需要，契合了修辞伦理的时代性要求。修辞行为过程中所采用的策略都未违背社会语境对于修辞行为的道德要求，体现了遵循修辞伦理的自觉性。正是这样的自觉性，使得修辞者成功地实现了人品诉求，使其改革话语更易被受众所接受。

4.2.3　结论

教师队伍建设改革事件中涉及的社会角色是教师，通过上述的分析、论证和评估，《关于全面深化新时代教师队伍建设改革的意见》中对相关社会角色进行形象建构的修辞动机是完全符合求真为善之原则的，修辞行为是符合修辞道德规范的，对修辞三诉求的实现、语境操控、框架策略以及签署手法均对实现修辞动机产生了正向的作用，而修辞效果也是正向的效果，因此这是一次成功的话语修辞行为。

第五章　争议性话语事件相关文本修辞批评举隅①

本章所述事件被称作“中国网络第一案”，是一起曾引起舆论场中轩然大波的争议性话语事件，并且间接地改变了我国的法医鉴定制度，其中涉及的社会角色较为复杂，既包括死者，也包括许多相关的机构和个人，每一个语篇产生的语境都各有不同，且不同修辞主体从自身的修辞动机出发，经过了多轮的话语层面的复杂博弈，这是本书研究的话语事件中较为复杂的一个，因此对它的处理也较为特殊——只有对这个案例的分析是将事件进程与修辞批评在行文中紧密地结合在一起的，因为本书研究的是话语事件中的社会角色形象建构修辞批评，所以必须要纳入话语事件的整个结构以及时间链条和逻辑链条当中去。另外，对每一个文本的分析并未像分析前面的文本一样将七个要素各自列为单独

① 鉴于本章主要讨论的是话语事件中的修辞问题，涉及案件相关具体人员时，隐去其名讳。

的小标题来探讨，是因为这一事件中涉及的语篇大多数是医学鉴定语篇，特殊的文体决定了这些文本并不涉及语境操控和框架策略，而且只运用修辞三诉求中的理性诉求，而不运用情感诉求和人品诉求。

5.1 中国网络第一案事件背景及进程

2003年2月24日上午，H省X市L小学某音乐教师被发现裸死在单位宿舍床上，全身有多处伤痕，脸色惨白，一床棉被平整地盖过其鼻梁，在事发之前的晚上死者是和其男友独处于宿舍之中的。

由于死因蹊跷，死者的家人一直在上诉，控告其男友将其强暴致死。而且应死者父母的要求，共对死者的死因做过六次法医鉴定，六次的结果竟然都有不同之处，最后，在几次上诉之后，对被告的最终判决仍然是无罪，但是要赔偿原告经济损失。可是，在众多的社会主体的共同努力之下，中国的法医鉴定制度终于通过立法形式得到了改变。

死者是一种特殊的社会角色，在本事件中的几张法医鉴定书也可以理解为是一种特殊的社会角色形象建构语篇。为突出重点，下文仅分析其中对事件的发展具有关键作用的社会角色形象建构内容。

5.2　事件进程细节及相关文本的修辞批评

5.2.1　第一次法医鉴定文本修辞批评

X 市公安局得知了死者的死讯后，随即对尸体进行了法医鉴定，做出了相应的 X 市公安局【2003】第 204 号《尸体检验鉴定书》，X 市二医院做出了相应的 0013 号病理学诊断报告

5.2.1.1　《尸体检验鉴定书》修辞批评

（1）梳理文本中的话语包

首次尸检中，《尸体检验鉴定书》共包含三个话语包，分别是：社会角色形象建构话语包、因果解释话语包、问题界定话语包，各个话语包的具体内容详见附录二。①

（2）对形象建构修辞方法及行为过程的评价

“身有棉被”这一小句体现的是一种环境式关系过程。

“双下肢腘窝部见小片状擦伤痕……左腘窝部见 5cm × 5cm 大小点片状挫擦伤痕，伴皮下出血，右腘窝部见 6cm × 7cm 范围挫

① 引号中的内容具体见附录二，全部出自 X 市公安局．尸体检验鉴定书 2003（204）[R/OL]．中国法网，2003 - 07 - 03.

擦伤，伴表皮剥落。”体现了一系列的存在过程，说明死者身上有小范围的并不严重的擦伤。

“会阴部干净，处女膜完整，无破裂现象”这一小句说明了死者的处女身份以及死前没有发生过正常的性行为。

“双侧肺呈肿胀饱满，有明显捻发感，切面见大量泡沫液流出”这三个小句运用了放射型主位推进模式，保证了信息的平稳流动，“双侧肺”“切面”明确地界定了范围，“有明显捻发感”体现了心理过程。“右肺上叶下部部分与膈面有粘连”这一小句体现了关系过程。上面的这几个小句连在一起说明死者的肺部有病变。

“心脏大于死者本人拳状举”体现的也是关系过程，“表面脂肪较多”运用了评价性资源中的态度和级差，更具体地说是运用了态度资源中的鉴别资源，这是因为“当人被看成是实体而不是能做出行为的介入者时，对人可以是鉴别而不是评判”。[1]

“心尖部及左右室后壁散见多处针尖状出血点，位于右心室后壁近室间隔部有一2cm×2.5cm大小暗红区，剖开心脏：位于右心室近三尖瓣处有一3cm×1.5cm×0.3cm大小附壁血栓，主动脉根部冠状动脉口处有一2.8cm×0.3cm大小条状血栓，部分位于冠状动脉内，在冠状口两侧部见一3cm×0.4cm范围的浅黄色粥样硬化斑。”这个句群再现了存在过程，且都明确地界定了位

---

① 胡壮麟，朱永生，张德禄，李战子．系统功能语言学概论［M］．北京：北京大学出版社，2008：325.

置这个环境成分，说明死者的心脏有病变。

（3）对形象建构效果的评价

“身有棉被”这一小句体现的是一种环境式关系过程，但是这里从聚焦对象上却隐去了一个重要的细节：一床棉被平整地盖过死者的鼻梁。讲述这一细节的是 L 小学的校长。据他回忆，当时他正在操场上主持升旗仪式，忽然死者男友步履匆匆地走来告诉他，死者很可能出事了。于是他和几位学校老师以及死者男友马上赶往死者的宿舍，发现房门紧闭，死者男友拨打了死者的电话，但是无人接听。校长问死者是否在宿舍，死者男友十分肯定地回答，他说前一天晚上他送死者回单位宿舍，早上 6 点 50 分才离开，死者一定还在房间里。于是他们请来学校里的建筑工人，从楼顶放下绳子，下到死者厨房的窗户，从窗户钻进了房间。工人一开门，就说人已经死了。这些事实说明，校长提供的事实是值得信任的，可以有多位证人做证。“一床棉被平整地盖过死者的鼻梁”这一小句通过交代方式这一环境成分，以及再现物质过程“棉被盖过鼻梁”呈现出了一种非自然、非正常状态，可是在这份法医鉴定书中竟然被隐去了。

“双下肢腘窝部见小片状擦伤痕……左腘窝部见 5cm × 5cm 大小点片状挫擦伤痕，伴皮下出血，右腘窝部见 6cm × 7cm 范围挫擦伤，伴表皮剥落。”体现了一系列的存在过程，说明死者身上有小范围的并不严重的擦伤。可是，坚持认为死者是被强暴致死的死者家人反复强调，她赶到事发现场时看见的死者全身一丝不挂，两眼圆睁，尸体表面的双臂、手掌、手腕、颈部、背部、臀部、双膝弯等处有多处挫伤、掐伤、压伤、针头扎伤，会阴部也被挫伤。因此死者家人对死者尸体的形象建构与上段中的法医鉴定内容存在冲突，这引起了死者家属的怀疑和不满。

5.2.1.2 X 市二医院 0013 号病理学诊断报告

在这份鉴定报告的基础上，X 市二医院做出了相应的 0013 号病理学诊断报告。下文对其展开修辞批评：

（1）梳理文本中的话语包

在 X 市二医院 0013 号病理学诊断报告中包括三个话语包，分别是社会角色形象建构话语包、因果解释话语包、问题界定话语包。各个话语包的具体内容详见附录三。[①]

（2）对形象建构修辞方法及行为过程的评价

“左室内游离混合血栓约 3cm × 2cm × 0.3cm 大小，左冠脉内见凝血块……肌纤维间散在稀少慢性炎症细胞浸润……有处血管周见可疑纤维化肉芽肿结构”体现了一系列的存在过程，且都明确界定了范围。

“区域性血管扩张充血……心外膜内小动脉变性，灶性内皮缺损……左冠动脉管壁内膜增厚，空泡变性，灶性内皮缺损……二尖瓣局部变性，炎症细胞浸润。左心房内膜增厚、胶原化”体

① 引号中的内容具体见附录三，全部出自 X 市二医院．病理学诊断报告 2003（13）［R/OL］．新华网湖南频道，2004 - 12 - 07.

现了一系列行为过程。

“请查询既往有无风湿病史，不排除风湿性心脏病。”这一句增加了死者系自然死亡的可能。

“主动脉起始部见灰黄脂纹，光镜见内皮下泡沫细胞增生伴慢性炎症细胞浸润，符合主动脉粥样硬化（早期）……光镜下见急性肺水肿，肺泡腔内见少数心衰细胞”体现了一些列的心理过程，即医生对死者身体情况的认知。

（3）对形象建构效果的评价

鉴于这份鉴定书和病理学诊断报告，X 市 P 派出所的处理建议是：死者的身上不存在致命伤，因此可以排除他杀，死者是自然死亡，所以不予立案。

由于这份鉴定引起了死者家属的质疑，因此在死者父母的强烈要求下，X 省公安厅刑侦局法医和公安部物证鉴定中心法医分别对死者的尸体进行第二次、第三次鉴定。

5.2.2 第二次法医鉴定文本修辞批评

在死者家人强烈的质疑下，H 省 X 市公安局刑警支队委托 H 省公安厅刑侦局法医进行了第二次死因鉴定，将有关内容呈现为《H 省公安厅刑侦局〔2003〕第 093 号法医学鉴定书》。本节集中对该鉴定书进行修辞批评。

5.2.2.1 梳理文本中的话语包

在《H省公安厅刑侦局〔2003〕第093号法医学鉴定书》共包括三个话语包，分别是社会角色形象建构话语包、因果解释话语包和问题界定话语包。各个话语包中的具体内容详见附录四。[①]

5.2.2.2 对形象建构修辞方法及行为过程的评价

“镜下高度淤血、水肿”这一小句中，“镜下”说明了方式环境成分，“高度”运用级差资源说明了程度这一环境成分，“淤血、水肿”运用了鉴别资源，建构了死者肺水肿的患者形象。“有出血”这一小句再现了一种存在过程，存在物即肺出血这样一种生理现象。“肺泡隔坏死”这一小句中“坏死”运用了鉴别资源说明了死者的肺泡隔的状态。“在水肿液与血液中散在较多腐败菌菌落”这一小句也再现了存在过程，“在水肿液与血液中”界定了范围，“散在”说明了存在过程及方式，“较多”运用了鉴别资源，“腐败菌菌落”即为存在物。

“二尖瓣轻度增厚，黏液变性，纤维轻度增生……心肌纤维轻度变性，少数间质与血管周围轻纤维素样变性……冠状动脉内膜水肿……纤维增生。”这几个小句还原的是一系列的行为过程，“轻度”运用了评价性资源中的级差资源，“增厚”“变性”“增

① 引号中的内容具体见附录四，全部出自H省公安厅刑侦局. H省公安厅刑侦局法医学鉴定书2003（93）[R/OL]. 新华网湖南频道，2004-12-07.

生”“水肿”运用了鉴别资源。“少数间质与血管周围”则界定了范围。这些行为过程明显发生于死者生前，通过对这些过程的还原建构了死者心脏病患的形象。

“考虑冠状动脉轻度风湿性动脉炎，结合鉴定所见，伴有轻度冠状动脉粥样硬化。主动脉轻微粥样硬化。示有轻度风湿性心脏病，轻度风湿性心内膜炎、心肌炎与冠状动脉炎，轻度冠心病，主动脉轻微粥样硬化。”这一句群体现的是湖南省公安厅刑侦局法医的心理过程。“结合鉴定所见”说明了方式环境成分，“风湿性动脉炎”“粥样硬化”“风湿性心脏病”“风湿性心内膜炎”“心肌炎与冠状动脉炎”“冠心病”运用了评价性资源中的鉴别资源。“轻度”“轻微”这两个定语作为鉴别资源多次出现，说明死者心脏疾病的程度远低于其肺脏疾病的程度，因此在这份鉴定报告中认为肺梗死才是死者死亡的主因，而急性心力衰竭与呼吸衰竭是由肺梗死引起的。

5.2.2.3　对形象建构效果的评价

对死者肺脏的集中描写为因果解释话语包奠定了坚实的基础，通过对死者肺梗死患者的形象建构对其死因界定起到了巨大的支撑作用。对死者心脏的一系列的病症描述建构出死者心脏病患者的形象，而这样的形象建构也为因果解释话语包的提出提供了坚实的基础，进而为死因界定提供了有力论据。

本次鉴定在死者形象建构方面与第一次鉴定存在明显不同，

因而对死因的界定也不同于上一次，这使得死者家属对尸检结论的准确性产生了强烈的怀疑，因而拒绝火化尸体，并要求第三次尸检。两次尸检的差别初步暴露了法医鉴定制度存在的弊端。

5.2.3 第三次法医鉴定概况

第三次法医鉴定是对第二次的复核鉴定，其形象建构、因果解释以及死因界定与第二次基本相同。但是 H 省公安厅的第 102 号《物证检验报告》却发现死者死亡现场的四团卫生纸中带有其男友的精斑，而死者的阴道口擦拭卫生纸中却恰恰没有检验出人的精斑，而仅有死者本人的上皮细胞成分。这一发现进一步坚定了死者父母对死者男友强奸死者致其死亡的怀疑。

5.2.4 第四次法医鉴定概况

第四次鉴定与前三次的结论都迥然不同。

本次鉴定由 N 大学司法鉴定所完成，2003 年 7 月 6 日该机构提交了《N 大学法医司法鉴定所书证审查意见书》[①]（N 医鉴［2003］书审字第 16 号，2003 年 7 月 3 日），在因果解释和问题界定方面与前三次的鉴定大相径庭。这份意见书认为在首次检验时所发现的“有处血管周见可疑纤维化肉芽结构”仅仅是一种可

① 参见附录五。

疑性病变，并不能够凭这一点就断定死者生前患有风心病，更不宜把死因归结为风心病急性发作而导致的猝死。此外，主动脉起始部出现灰黄脂纹只不过是一种轻微的血管病变，死者作为年龄不足21岁的女性，把这种轻微病变认为是“符合动脉粥样硬化(早期)”也显然不合适，更不能够以此认为死者患有冠心病并因此导致猝死。前三次鉴定都是“仅凭肉眼所见就贸然做出‘血栓’的诊断”，而“没有镜下的形态学描述”，因此根据不足。此外，认为尽管在肺组织中发现了楔形出血区，镜下见到肺泡隔坏死、肺出血等，但至多仅能诊断为“灶性肺出血”。而且，由于肺本身具有支气管动脉和肺动脉双重血液供应，具有很强的代偿功能，所以即便肺动脉小分支有栓塞也不会引发猝死。另外，指出之前的鉴定没有对死者身上被断定为生前所受的伤痕进行致伤机制的分析，之前的毒物检测范围仅限于胃部却没有包括血液以及肝、肾等脏器，因此只能判断死者不是口服毒鼠强而中毒身亡的，但是不能够排除经过其他途径中毒的可能。其实，这里已经建构出进行前三次鉴定的机构不严谨、不负责的形象。

最后，这份鉴定的意见为被鉴定人“属非正常死亡，因风心病、冠心病或肺梗死猝死的根据不足”。而且鉴定书中首次直接出现了将死者男友作为重要嫌疑人的建议：“冬季、卧床裸体女尸、上盖棉被呈非自然状态，床边有男朋友的精斑，身上有自己难以形成的损伤，当属非正常死亡。××死亡的发生与其男友的关系有待排除。尸体有进一步检查的必要。”这里体现了各个话语包之间十分复杂的互动关系。此次鉴定书的话语包逻辑与前几次不同，这一次是通过否认前几次对死因的问题界定和因果解释而间接地建构出死者不是以上三种病症的患者，是一个比较健康的年轻女子的形象，属于间接言语行为，进而又反过来推翻了前几次鉴定的结论，并给出与之不同的处理建议。

5.2.5 第五次法医鉴定文本修辞批评

由于N大学给出的法医鉴定仅仅指出既往的鉴定结论在病理依据方面存在不足，但是没有提供证据说明被鉴定人真正的死因，所以死者的父母又委托Z大学法医学专家组进行了第五次鉴定。本节对《Z大学司法鉴定书》进行了修辞批评。

5.2.5.1 梳理文本中的话语包

在《Z大学司法鉴定书》中共包含三个话语包，分别是社会角色形象建构话语包、因果解释话语包和问题界定话语包，各个话语包的具体内容详见附录六。①

5.2.5.2 对形象建构修辞方法及行为过程的评价

“尸体呈高度腐败状，全身皮肤可见腐败性表皮剥落及腐败

① 引号中的内容具体见附录六，全部出自Z大学法医鉴定中心．Z大学司法鉴定书2003（2016）[R/OL]．新华网湖南频道，2004－12－07.

气泡、霉菌斑形成……容貌不可辨认”体现了一系列的心理过程，即鉴定专家组对尸体的认知。“颈部皮肤腐败……肺组织已高度腐败……大部分肝脏留于原位，呈高度腐败，质地如泥……各肠段腐败”再现了一系列的行为过程，而且都清楚地界定了范围。这种高度腐烂的情况在前几次的鉴定过程中是不曾出现过的。另外，“冠状动脉管腔通畅，未见血栓形成……心肌间质未见明显炎细胞浸润，未见风湿小体形成和纤维组织增多，心内膜未见明显增厚……未见风湿性心脏病、冠状动脉粥样硬化性心脏病、肺梗死的病理改变”是与前三次鉴定截然相反的形象建构，即死者是一个心肺器官健康的年轻人，而根本不是上述几种疾病的患者，体现了完全不同的心理过程。

5.2.5.3　对形象建构效果的评价

根据这样的一种形象建构，这一份鉴定书的结论是：死者“因风湿性心脏病、冠状动脉粥样硬化性心脏病、肺梗死致死缺乏证据”。这个结论是由前面的形象建构推导而来的问题界定，因此可以认为前面的形象建构是因，这个问题界定为果。这再一次体现了各个话语包之间的深层互动关系，也再一次证明了话语包理论适用范围的宽广。

这一次的鉴定不仅在问题界定和因果解释方面与前三次不同，而且就连死者形象建构这一话语包也与之出现了明显的出入。这份鉴定书继 N 大学鉴定书之后又一次质疑了前三次的鉴定，而且又一次引起了舆论对此事的高度关注。舆论场中对 H 省法医鉴定工作的诟病非常集中，可见这不仅仅是增加了鉴定的次数，也再度激化了矛盾，体现了分歧，司法鉴定制度的缺陷也被暴露得更加明显。

5.2.6 最后一次法医鉴定文本修辞批评

最后一次尸检是由 G 法院司法鉴定中心完成的，结论又不同于前几次，本节仅对其中影响结论的社会角色形象建构内容进行修辞批评。

5.2.6.1 梳理文本中的话语包

在《G 法院司法鉴定中心〔2004〕第 066 号法医学鉴定书》这一语篇中，共包含两个话语包，分别是社会角色形象建构话语包和问题界定话语包，各话语包的内容具体详见附录七。①

5.2.6.2 对形象建构修辞方法及行为过程的评价

“心外膜下见局灶性出血，心肌浅层内见脂肪组织”这两个小句体现了 G 法院司法鉴定中心的心理过程，同时也是一种存在过程，严谨地说明了具体的范围。

---

① 引号中的内容具体见附录七，全部出自 G 法院司法鉴定中心 . G 法院司法鉴定书 2004（66）［R/OL］. 豆丁网，2004 - 12 - 07.

“冠状动脉内膜内轻度增厚”则体现了一种行为过程，“轻度”一词运用了评价性资源中的级差资源。“部分心肌纤维波浪样改变，部分区域心肌纤维断裂”这两个小句都是首先界定了范围，然后交代了心肌纤维具体的行为过程。“心肌间质纤维增生”体现了一种行为过程。“有些区域心肌纤维出现明显的排列紊乱现象”这一小句也是首先界定了范围，然后介绍了相应的存在过程。“明显”一词运用了评价性资源中的级差资源，“紊乱”一词运用了评价性资源中的鉴别资源。

“可见散在小灶性心肌细胞萎缩、数量减少及局灶性纤维增生”这一小句体现了专家组的心理过程和死者心脏在生前的行为过程。“心肌间质部分小血管周围轻度结缔组织增生”这一小句阐明了一种行为过程，首先界定清楚了范围，然后运用了评价性资源中的级差资源——“轻度”。“心内膜未见纤维组织增生、变厚”这一小句体现了G法院司法鉴定中心专家组的心理过程，而这一点与前三次的鉴定内容彼此是冲突的，体现了与之截然不同的死者心脏形象建构，这也就成了对死亡原因这一问题界定和二者之间因果解释方面巨大的不同，体现了几个话语包之间深层的互动关系。

“心腔内血块物质呈分层结构状，未见血栓组织学特点，为死后凝血块”这三个小句也与前三次尸检的死者心脏形象建构截然不同，甚至是相反，体现的是G法院司法鉴定中心专家组的心理过程，第一个小句首先界定清楚了范围，第二小句中的“未见”形成了对这一血栓存在命题的彻底否定，第三个小句可以说既是一种对心腔内血块所进行的形象建构，也可以视为一种问题界定，与这里的第一个小句形成了因果解释关系，这再次体现了话语包之间复杂的关系。“肺被膜下小血管扩张，淤血”这一小句体现了行为过程，而且首先清楚地说明了范围。“肺泡壁毛细血管及间质血管高度扩张、淤血”这一小句也体现了行为过程，而且也是先界定了范围，“高度”一词交代了程度这一环境成分。“绝大部分肺泡腔内充满粉染、均质的水肿液”这一小句首先界定了范围，然后说明了存在过程。“肺组织内未见梗死性病理改变”这一小句体现的心理过程与前三次 H 省省内的法医鉴定发现截然相反，建构出死者没有肺梗死病理改变的形象。“部分区域可见代偿性肺气肿”这一小句体现的心理过程又与前三次出现了相同之处，建构出死者虽不是肺梗死患者，但却是代偿性肺气肿患者的形象。

在最后这一次的鉴定报告中，有一处不同于前几次鉴定，就是死者男友陈述的内容，为了判断死因，G 法院司法鉴定中心对死者男友进行了询问，了解到他于 2003 年 2 月 23 日下午 3 时左右与被鉴定人进行过一次性活动。当晚回到死者 × × 生前的单位宿舍后两人又发生性活动，这一过程中采用过特殊的体位。“睡眠中 × × 出现口吐白沫、抽搐症状。”这一句话还原了 × × 在当时的行为过程，建构出 × × 在睡眠中不健康的病发形象。

“尸体检验见被鉴定人双手指甲紫绀，心尖部及左右室后壁散在多处针尖状出血点”这句话再现了 G 法院司法鉴定中心在这次尸检中的心理过程，“尸体检验”为下文的展开提供了语境，“被鉴定人”提供了身份这一环境成分，“紫绀”运用了评价性资源中的鉴别资源。第二个小句在体现了心理过程的同时也体现了存在过程，“心尖部及左右室后壁”界定了范围，“多处”“针尖状”也运用了评价性资源中的鉴别资源。“病理学检查示肺组织明显淤血水肿及局灶性出血，心内膜及外膜部分区域小灶性出血、各脏器小血管存在明显淤血表现”这一句中，“明显淤血水肿及局灶性出血”“小灶性出血”“明显淤血表现”运用了评价性资源中的鉴别资源。“提示被鉴定人死亡前存在急性肺水肿和明显的缺氧状态”这一句也再现了专家组的心理过程，“死亡前”说明了时间这一环境成分，“存在急性肺水肿和明显的缺氧状态”运用了评价性资源中的鉴别资源，再现了死者在死亡前夕的行为过程。

“复读送检病理切片见心肌组织存在一定的病变，表现为心肌内出现部分脂肪细胞浸润，部分心肌纤维被分隔、部分心肌纤维形成排列紊乱状，散在小灶性心肌细胞萎缩、数量减少及局灶性纤维增生。”这一句同样再现了 G 法院司法鉴定中心的心理过程，“复读送检病理切片”提示了下文的语境，“心肌组织存在一定的病变”体现了一种存在过程，“心肌组织”说明了范围，存在物即为“病变”，“一定的”体现了程度这一环境成分，“表现为心肌内出现部分脂肪细胞浸润，部分心肌纤维被分隔、部分心肌纤维形成排列紊乱状”这两个小句体现的也是存在过程，“心肌内”说明了范围，“出现”体现了存在过程，对具体存在物的说明则运用了一系列的鉴别资源，体现了一系列的病变。“这些镜下所见提示被鉴定人生前心脏存在某种程度的潜在性病理性改变”这句话全面地体现了物质过程、心理过程、存在过程和行为过程。“某种程度的潜在性病理性改变”运用了鉴别资源，建构了死者生前是潜在的心脏病患的形象。

5.2.6.3 对形象建构效果的评价

在这份医学鉴定中，对死者病患形象的建构以及对其临终表现的表征对于界定其死因以及提出此案的最终处理意见具有关键作用。在此案的最终判决中，H 省 X 市 Y 区人民法院采信了最高人民法院司法鉴定中心的意见书，死者男友获得了无罪释放，但须赔偿死者家属五万余元人民币。H 省 X 市 Y 区人民法院判决书中称，之所以采信了这份死因鉴定书，是因为该鉴定是建立在法医病理学的基础之上的，根据死者生前的脏器病变现实，又结合了被告人（即死者男友）以及死者的一系列活动，分析并且证实了被告人的行为作用以及其他导致死者死亡的多种因素，因此这份意见书中的结论更加科学、可信、全面、客观。之所以没有采信 X 市公安局的法医鉴定，是因为这份鉴定书单凭可疑性病变就判定死者系冠心病以及风湿性心脏病患者，在对重要论据未经证实的基础上就得出了死因鉴定的结论。之所以没有采信 H 省公安厅刑侦局法医鉴定及其复核鉴定，是因为这两份医学鉴定均未深入分析死者胸腔内的血块形成于生前还是死后，虽然检出了死者脏器的病变，但是均未在镜下检出风湿性心脏病、冠状动脉心脏病以及肺梗死的病理学改变。因此根据法医病理学理论，这两份鉴定中所做出的肺梗死引起急性心力衰竭与呼吸衰竭而致死的结论证据不足。之所以没有以N大学和Z大学法医鉴定的意见书作为审判依据，是因为这两次鉴定均非经由司法机关委托，因而不具备程序效力，而且这两份意见书均未做出具体的肯定性的结论。

《G法院司法鉴定中心〔2004〕第066号法医学鉴定书》是该案中最后一次尸检所做的鉴定报告，是该案结论的重要依据，因此在这一话语事件中发挥了关键作用，但是，H省X市Y区检察院是以“涉嫌强奸（中止）罪”对被告人提起公诉的，而这份鉴定报告的结论是“被鉴定人在潜在病理改变的基础下，因×××采用较特殊方式进行的性活动促发死亡”。因此，这份鉴定报告对于被告人究竟是否为强奸犯这一关键的身份形象是失语的、缺位的。因此在这一鉴定书基础上的终审判决引起了舆论的哗然，许多民众表示质疑司法的公正性，这也恰恰成为我国法医鉴定制度改革的重要推动力。

5.2.7　结论

在该事件中，涉及了多个话语主体、多次形象建构、多个修辞文本，争议点涉及事实、定义、性质、行动四个方面，其中的核心争议点在于死者的真实死因。法医鉴定文本由于其在文体方面的特殊性，并不涉及框架策略和语境操控问题。在第一次法医鉴定，产生了两个文本，其中，X 市公安局〔2003〕第 204 号《尸体检验鉴定书》虽然在签署手法方面没有明显问题，但是，鉴定人是用肉眼发现所谓的血栓的，对于死者身上的大面积的伤痕在其鉴定报告中被隐去，可见其修辞动机并不符合医学领域尤其强调的科学求真的原则，其鉴定书也没有体现出让人信服的理性诉求，故引起了死者家属的质疑，所以才会出现后来的几次法医鉴定，可见没有取得良好的认知效果、情感效果和行为效果，所以其取得的修辞效果是负效果，造成了消极的社会效果。与之相对应地，X 市二医院做出的 0013 号病理学诊断报告虽然在签署手法方面也没有显著问题，但是仅凭“有处血管周见可疑纤维化肉芽结构”这样的可疑性病变就断定死者患有风心病，而且直接把死因界定为风心病急性发作而导致的猝死。另外，这份病理学诊断报告显示并未发现 X 市公安局〔2003〕第 204 号《尸体检验鉴定书》中所指出的死者右心室的附壁血栓，但声称发现了左心室内的游离混合血栓，可是没有任何关于该血栓的镜下形态学描述，单凭肉眼所见就断言血栓的存在，因此没有很好地体现出作为法医所应有的理性诉求，从修辞动机上来分析是不符合科学求真这一基本原则的，从修辞伦理的角度来分析这一修辞行为是不符合修辞道德的，而且从死者家属和社会舆论的反映来看其认知效果、情感效果和行为效果是不理想的，这一修辞行为所取得的是负效果，产生了消极的社会影响。

在第二次法医鉴定中，产生了一个文本，即《H省公安厅刑侦局〔2003〕第093号法医学鉴定书》，这份鉴定书在签署手法方面没有明显问题，但是在没有对死者的心瓣膜是否透明、腱索是否发生病理性改变的前提下就做出死者患有风湿性心脏病的断言，没有对死者的冠状动脉中是否有血栓形成进行明确描述的前提下就断言死者患有冠心病，也没有体现应有的理性诉求，其修辞效果是负效果，不论是认知效果、情感效果和行为效果都不尽如人意，而且进一步使人们对公安系统产生了怀疑，造成了消极的社会影响。

第三次和第四次法医鉴定在鉴定报告书中都没有凸显形象建构这一话语包，因此在本文中只对这两次法医鉴定过程进行了概述。在第五次法医鉴定中，产生出了一个文本，即《Z大学法医鉴定中心司法鉴定书》，这个文本在签署手法上表现得十分严谨，体现了人品诉求和理性诉求，严谨的鉴定和报告撰写体现出了求真为善的修辞动机，是一次合乎修辞道德的修辞行为，而且取得了良好的认知效果、情感效果和行为效果，可见实现了正效果，也为事件的解决以及我国法医鉴定制度的改写发挥了积极的作用。

在最后一次法医鉴定中，产生的文本是《G法院司法鉴定中心〔2004〕第066号法医学鉴定书》，这份鉴定报告也表现出严谨的签署手法，体现出让人信服的人品诉求和理性诉求，而且是该案中所有验尸报告中唯一引入死者男友的叙事声音和视角来还原死者死亡前夜的形象的，并且根据相关法医学理论验证了死者男友说法的可信性，体现出求真为善的修辞动机，作为法医是一次符合其职业道德以及特定修辞伦理的修辞行为，而且作为判决的重要依据，在认知效果、情感效果和行为效果方面都取得了一定的正效果。但是，所有的这几份鉴定报告都没有建构出死者男友是否为强奸犯这一关键性的法律事实形象，因而根据刑事案件疑罪从无的原则，最终判处死者男友无罪释放，从这一意义来审视，这几次的鉴定报告的修辞效果都是有局限性的，尽管其中第五次和最后一次法医鉴定报告取得了正效果，但是仍是不尽如人意的。

第六章　结语

本章总结了本书的主要贡献、存在的不足以及对后续研究的设想。

6.1　本研究的主要贡献

本研究的主要贡献包括以下两个方面：

第一个贡献在于探索建构了一种具有针对性的富有新意的修辞批评模式——话语事件中社会角色形象建构修辞批评。首先说明了这一模式的分析工具，即话语包理论、系统功能语法以及评价理论。

此外，阐明了这一模式中七大要素的理论内涵以及批评标准。

修辞伦理就是在修辞过程中，修辞主体自身的道德属性以及社会语境中的道德因素，促使其形成一定的修辞道德意识和修辞行为规范，在本模式中具体体现为修辞者在对话语事件中的社会角色进行形象建构的过程中所需要遵循的修辞道德意识和修辞行为规范。本模式对修辞伦理的考察包含道和术两个平面。前者关注修辞行为的伦理属性以及修辞者的动机和人格，批评标准包括事实标准和道德标准；后者关注运用道德推理、道德劝服的策略、方法以及规律，批评标准在于是否有利于修辞动机的实现。

修辞动机就是直接推动个体进行修辞以满足某种需要的内部状态，是产生修辞行为的直接原因和内部动力，具体到本修辞批评模式中即修辞者对话语事件中的社会角色进行形象建构的直接原因和内部动力，是激励修辞者建构话语事件中相关的社会角色形象并将交际对象对这些社会角色的认知、态度等导向特定方向以实现某种特定目标的主观因素以及心理过程。本书将修辞动机又细分为表述动机、同化动机和祈使动机。本修辞批评模式中的表述动机具体是指构建以及传播话语事件中的社会角色的形象信息；同化动机具体是指旨在让交际对象对话语事件中相关的社会角色产生跟修辞行为的实施者相同或相似的态度、观点、情感等；祈使动机具体是指旨在使交际对象产生话语发起者所希望的特定的行为，而且往往表现为支持或反对特定的社会角色、社会现象、社会制度、社会行为等的集体行动。本模式对这一要素的批评标准在于修辞者在对话语事件中的社会角色进行形象建构的过程中，是否秉持了符合人类社会的主流的理想的价值观。

亚里士多德在《修辞学》中提出了“修辞三诉求”，即人品诉求、情感诉求和理性诉求。其中，人品诉求指的是通过修辞者本身的人格和品德提高让交际对象信服的可能；情感诉求就是通过对交际对象心理的了解来诉诸他们的情感，通过调动其感情来达到说服的目的；理性诉求则是指通过具体的事实以及逻辑论证来实现劝服。后来，随着修辞学的发展，人品诉求的内涵进一步丰富，可以用来指对所有与具体的修辞行为相关者之人品的表征。具体到本修辞批评模式中，人品诉求体现在两个方面，一方面是对话语事件中的相关社会角色的人品的表征，另一方面是对修辞者本身的人品的彰显；情感诉求体现为通过对交际对象的情感的调动来影响其对话语事件中的社会角色的态度、看法、行为等；理性诉求体现为以具体事实和逻辑论证来影响交际对象对话语事件中的社会角色的认知。本修辞批评模式对这一要素的批评标准在于是否影响了交际对象对话语事件中相关社会角色的情感态度、理性认识甚至于相应的行为，以及这种影响的程度；是否树立了修辞者本身以及话语事件相关社会角色特定的道德品质形象，以及这种形象的被接受、被认可程度。

语境作为在修辞过程中与修辞行为相关并对其起影响、制约作用的因素，在本模式中具体体现为在修辞过程中与话语事件之中的社会角色形象建构这一修辞行为有关，并对形象建构起到影响、制约作用的因素。与之相对应的，本修辞批评模式视域下的语境操控特指在修辞的过程之中，对那些与话语事件中的社会角色形象建构相关并对其起影响、制约作用的社会因素、心理因素以及自然因素等的调控。本模式对这一要素的批评标准包括两个方面：第一，修辞主体是否有意识地调控了跟话语事件中社会角色形象建构相关并对其产生影响、制约作用的社会因素、心理因素以及自然因素等；第二，这种调控所产生的实际效应。

框架策略即通过选择和凸显事物的某些方面以影响他人对该事物的情感、认知、行为的策略。本修辞批评模式视域下的框架策略特指通过选择和凸显话语事件中社会角色形象的某些方面以影响他人对该社会角色的情感、认知及行为的策略。本书在前人研究的基础上，提出了四个新的框架策略概念，分别是框架拆桥、框架限制、框架收缩以及框架固化。框架拆桥指的是把几个被关联在一起的框架拆分开，破除它们彼此之间的联系；框架限制指的是削减甚至颠覆现有的某种特定的文化价值或者信念的合法性及合理性。框架收缩指的是缩小某个框架的问题、价值或焦虑，进而尽可能地缩小其影响。框架固化指的是让浅层框架根深蒂固，转化为深层框架。本模式对框架策略的批评标准在于对话语框架的征用、创设以及对话语框架之间的关系的整合、把握等是否符合以及在多大程度上符合实现修辞动机的需要，及其给话语事件中社会角色形象建构所带来的影响。

签署手法，即运用符号系统生产并表达话语的方法，在本修辞批评模式中具体体现为运用符号系统建构话语事件中的社会角色形象的方法。它具有微观层面的话语实操意味。签署手法不仅适用于书面语，同时也适用于口语。对于前人指出的，甘姆森对签署手法的编码原则、签署手法与框架的组合等细节语焉不详这一问题，本书认为修辞原则和语用原则可以为签署手法的编码原则提供重要参考，比如“得体原则”“合作原则”“角色认同原则”“合意原则”“取效原则”等。本模式对签署手法的批评标准是微观而具体的，同时也是呈现出多个层次的。其根本的评价标准在于修辞者是否有效地运用符号系统表征了话语事件中相关社会角色的形象。其他的评价标准主要体现为修辞者在多大程度上体现了措辞的准确、文明、得体。

修辞效果即修辞行为的结果。在本修辞批评模式中具体体现为对话语事件中的社会角色进行形象建构这一修辞行为所取得的结果。本书从不同角度对修辞效果进行了以下分类：首先，从与前文相对应的修辞动机的实现角度将修辞效果分为认知效果、情感效果和行为效果；其次，根据修辞效果与修辞动机之间的契合度，将修辞效果分为正效果、零效果和负效果；最后，从修辞行为对社会的影响这一维度将修辞效果分为积极效果和消极效果。本模式对修辞效果的批评标准包括以下几个方面：第一，话语事件中社会角色形象建构对界定问题、因果解释、道德评价以及提出处理建议的作用；第二，对于影响交际对象对事件当中所涉及的社会角色在认知、情感、态度、评价乃至于行为等方面发挥的作用；第三，在事件的发生、发展、结束这一系列过程中所发挥的作用；第四，给整个社会带来的影响。这四个方面分别是从微观到宏观过渡的四个层级，前面的层级是后面层级的基础。

另外，从系统论的观点出发，廓清了各要素之间的关系：在本修辞批评模式的七大要素中，修辞伦理处于最高平面，修辞伦理这一要素在分析、判断、评价修辞动机、修辞行为、修辞效果乃至于修辞主体的过程中都具有统摄性、指导性的意义。修辞动机是修辞行为的驱动力。修辞行为是对修辞动机的落实，涉及实现修辞动机的全过程。修辞三诉求的实现，语境操控，框架策略的创设、选择和调用，签署手法的运用是修辞行为的具体表现和实现方式，而在这四个要素中，修辞三诉求着眼于宏观层面，语境操控和框架策略着眼于中观层面，签署手法着眼于微观层面。修辞效果是本模式的最终落脚点。

最后，阐明了本修辞批评模式的操作方法：

第一步，梳理文本中的话语包。

第二步，运用系统功能语法、评价理论、修辞学理论、言语行为理论等对话语事件中社会角色形象建构这一话语包的修辞方法及行为过程进行深入分析和评价。

第三步，对社会角色形象建构这一话语包给其他话语包、话语事件乃至于全社会造成的影响进行分析和评价。

第二个贡献在于对话语包理论的发展。话语包理论是本模式的重要分析工具之一，本书认为目前话语包理论在以下七个方面存在着不足：

第一，对“话语包”这一概念的真正理论内涵缺乏明确的界定。

第二，对话语包与框架之间关系的阐释出现了自相矛盾之处。

第三，框架装置部分的理论要素的层次不够清晰。

第四，框架装置当中所包含的话语要素不够全面。

第五，推理装置的定位有待于提高。

第六，在操作步骤方面存在问题。

第七，未回答当一个语篇中出现了两个以及两个以上框架时，从属于不同框架的话语包之间的关系问题。

鉴于以上问题，本书对话语包理论进行了以下完善和补充：

第一，明确描述话语包的理论内涵及其特征。

第二，明确阐释话语包与框架之间的关系。

第三，提出用“签署手法”取代“签署矩阵”，通过对签署手法概念的界定，以及这两个概念背后的分析理念的对比，弥补了前文所述的话语包理论在框架装置和操作步骤方面的问题。

第四，提出了框架化机制库的概念，通过对这一理念和推理装置理念的对比，说明了引入这一全新观念的优越性，进而解决了推理装置存在的问题。

第五，在具体的案例分析中，结合实例说明了当一个语篇中出现了两个以及两个以上框架时，从属于不同框架的话语包之间的关系问题。

此外，本书尝试将话语包理论与系统功能语法和评价理论等整合运用，进行语篇分析，并将之运用到了具体的修辞批评实践中，拓宽了修辞批评的方法体系，并在运用的过程中检验了本模式的可操作性，而且对这一理论的应用可以在一定程度上提升修辞批评在方法上的科学性和解释力。而且，本研究首次将话语包理论应用于医学鉴定文本，拓宽了其应用范围。

6.2 余论

本书探讨建立的这一修辞批评模式事实上应为话语事件修辞批评这一宏大课题中的子课题之一，根据话语包理论和话语事件中相关修辞行为及语篇的构成情况，话语事件修辞批评至少还应包括话语事件中问题界定修辞批评、道德评价修辞批评、因果解释修辞批评、处理建议修辞批评。这五个子批评模式的批评标准是存在着区别的，形象建构的一项重要批评标准在于是否符合真实性原则，而其他四者无法用真实性来进行判断。对问题界定的修辞批评要格外注意科学性，对道德评价的修辞批评要格外注意伦理性，对因果解释的修辞批评要格外注意合理性，对处理建议的修辞批评要格外注意可行性。这五个话语包之间存在着深层的互动关系，有时会出现部分的重叠，有时会彼此互补，相互支撑，总体的话语事件修辞批评还必须针对统筹五大话语包及其相对应的五种话语修辞行为之关系展开深入的研究和批评实践，而这正是下一阶段的研究方向。

正如前文所述，潘忠党（2006）认为，“甘姆森对签署手法的编码原则、签署手法与框架的组合等细节语焉不详，其他学者在采用中难以统一”。[①] 本书认为，修辞原则和语用原则可以为签署手法的编码原则提供重要参考，比如“得体原则”“合作原则”“角色认同原则”“合意原则”“取效原则”等。对签署手法与框架组合的细节语焉不详正暴露了话语包理论长于宏观研究而短于微观研究的弱点，因此本书结合系统功能语法、认知语言学、评价理论等来进行文本分析，正是为话语包理论跟这些长于微观研究而短于宏观研究的理论之间的弥合与互补进行探索。

一种修辞批评模式应当具有能够针对某一类修辞现象的解释力，这必然要求它要具有一定的抽象概括能力，而且还要经历无数次针对具体修辞案例的批评实践的检验，在检验中去考察其合理性，在检验中不断地修正，从而臻于完善。本书中的案例代表着不同形势下的形象建构行为：“教师队伍建设改革事件”中涉及的社会角色是广大的教师；“中国网络第一案”中涉及的社会角色较为复杂，既包括死者，也包括许多相关的机构和个人，每一个语篇产生的语境都各有不同，且不同修辞主体从自身的修辞动机出发，经过了多轮的话语层面的复杂博弈，这是本书的案例中较为复杂的一个，因此对它的处理也最为特殊——对这个案例的分析是将事件进程与修辞批评在行文中紧密地结合在一起的，因为本书研究的是话语事件中的社会角色形象建构修辞批评，所以必须要纳入话语事件的整个结构以及时间链条和逻辑链条当

① 潘忠党．架构分析：一个亟需理论澄清的领域［J］．传播与社会学刊，2006（1）．

中去。

本研究的分析和评价不仅仅是围绕着话语事件中社会角色形象建构这一修辞行为和相关语料本身来进行的，而且是把这一修辞行为和相关的文本纳入了整个话语事件的全程来考量的，这样才能避免只见树木不见森林的弊端，也才能够更加全面地、清醒地认识到社会角色形象建构这一修辞行为在整个话语事件的发生、发展等一系列过程中所发挥的作用，甚至会再进一步去以更加宏观的眼光审视话语事件中社会角色形象建构这一修辞行为和相关的语篇给整个社会在长远的时期里带来的影响，以尽可能客观地揭示出其真正的修辞效果。本次研究囿于时间和精力的限制，所选择的案例均为中国内地的话语事件，未能涉及其他区域的话语事件，而根据曾毅平（2010），修辞具有民族性。在接下来的研究中，将会着力建设话语事件修辞批评案例库，届时将会录入更广泛地区的代表性案例。

参考文献

[1] Beaulac Stephane. 2004. *Power of Language in the Making of International Law: The Word "Sovereignty" in Bodinand Vatteland the Myth of Westphalia* [M]. Leiden, NLD: Brill Academic Publishers.

[2] Benson, T. 1993. *W. Landmark Essays on Rhetorical Criticism* [M]. Davis, CA: Hermagoras Press.

[3] Burke, K. 1954. *A Grammar of Motives* [M]. Berkeley: California University Press.

[4] Burke, K. 1984. *Permanence and Change* [M]. Berkeley: The University of California Press.

[5] Burke, K. 1989. *On Symbols and Society* [M]. Chicago: The University of Chicago Press.

[6] Campbell, K. K. & Burkholder, T. R. 1997. *Critiques of Contemporary Rhetoric* (2nd ed.) [M]. New York: Wadsworth Publishing Company.

[7] Dieter, O. A. L. 1950. *Stasis* [J]. Speech Monographs 17.

[8] Entman, R. M. 1993. *Framing: Towards Clarification of A Fractured Paradigm* [J]. Journal of Communication 4.

[9] Fahnestock, J. R. & M. J. Secor. 1983. *Grounds for Argument: Stasis Theory and the Topoi* [A]. D. Zarefsky. Argument in Transition: Proceedings of the Third Summer Conference on Argumentation [C]. Annandale, VA: Speech Communication Association.

[10] Foss, S. K. (ed.). 2004. *Rhetorical Criticism: Exploration. & Practice* [C]. Long Grove: Waveland Press.

[11] Gamson, W. 1981. *The political culture of Arab – Israeli conflict* [J]. CRSO Working paper No. 251.

[12] Gamson, W. & Modigliani, A. 1987. *The changing culture of affirmative action* [A]. R. G. Braungart & M. M. Braungart (Eds). Research in Political Sociology 3. Greenwich [M]. CT: JAI Press.

[13] Halliday, M. A. K. 1994. *An Introduction to Functional Grammar* [M]. London: Edward Arnold/ Beijing: Foreign Language Teaching and Research Press.

[14] Halliday, M. A. K. &C. Matthiessen. 1999. *Construing Experience through Meaning: A Language – based Approach to Cognition* [M]. London: Contiuum.

[15] Halliday, M. A. K. 2000. *An Introduction to Functional*

Grammar (2nd edn) [M]. Beijing: Foreign Language Teaching and Research Press.

[16] Harry Caplan. 1954. *Translator, Rhetorica ad Herennium* [M]. Cambridge: Mass.

[17] Heidegger M. 1982. *On the way to Language* [M]. New York: Harper&Row PublishersInc.

[18] Jasinski, James. 2001. *Sourcebook on Rhetoric: Key Concepts in Contemporary Rhetorical Studies* [Z]. Thousand Oaks: Sage Publications.

[19] Kristeva, J. Word. 1986. *Dialogue and Novel* [C]. In T. Moi (ed). The Kristeva Reader. Oxford: Blackwell Publisher.

[20] Martin J. R. & D. Rose. 2003. *Working with Discourse —— Meaning Beyond the Clause* [M]. London: Continuum.

[21] Martin J. R. & P. R R White. 2005. *The Language of Evaluation: Appraisal in English* [M]. New York: Palgrave Macmillan.

[22] Martin, J. R. 2010. *Beyond exchange APPRAISAL systems in English* [A]. In Z. Wang (ed). Discourse Semantics [C]. Shanghai: Shanghai Jiao Tong University Press.

[23] Martin, J. R. 2012. *Interpersonal meaning, persuasion and public discourse: Packing semiotic punch* [A]. In Z. Wang (ed). Text Analysis [C]. Shanghai: Shanghai Jiao Tong University Press.

[24] Phillips & Lawrence & Hardy. 2004. *Discourse and institution* [J]. Academy of management Review 4.

[25] Prelli, L. J. 1989. *A Rhetoric of Science: Inventing Scientific Discourse* [M]. Columbia: University of South Carolina Press.

[26] Putnam, L. & Fairhurst, G. T. 2000. *Discourse Analysis in Organizations: Issues and Concerns* [A]. F. M. Jablin. & L. L. Putnam (editors). *The New Handbook of Organizational Communication* [C]. London: Sage Publications.

[27] Rekema, J. 2004. *Introduction to Discourse Studies* [M]. Amsterdam: john Benjamine B. V.

[28] Teun A Van Dijk. 2003. 曾庆香译. 作为话语的新闻[M]. 北京: 华夏出版社.

[29] Weaver, R. 1970. *Language Is Sermonic* [M]. Batou Rouge: Louisiana State University Press.

[30] White, P. 2003. *Beyond modality and hedging: A dialogic view of the language of intersubjective stance* [J]. Text – Special Edition on Appraisal.

[31] 巴赫金. 言语体裁问题 (巴赫金全集第四卷, 晓河译) [M]. 石家庄: 河北教育出版社, 2009.

[32] 白丽娜, 周萍. 中国省区形象在西方网络世界的传播——以内蒙古为样本的多个语种的媒介调查 [J]. 当代修辞

学，2013（4）.

［33］边静，张娟．“蚁族”的传播形象建构及其动因［J］. 重庆社会科学，2010（5）.

［34］曹刚．论法官的角色伦理［J］．伦理学研究，2004（5）.

［35］柴改英，郦青．当代西方修辞批评研究［M］．北京：国防工业出版社，2012.

［36］陈佳璇，崔蓬克，胡范铸．言者身份与修辞力量：国家形象修辞分析中的一个问题［J］．当代修辞学，2011（2）.

［37］陈汝东．论修辞的社会心理原则［J］．北京大学学报（哲学社会科学版），1997（1）.

［38］陈汝东．社会心理修辞学导论［M］．北京：北京大学出版社，1999.

［39］陈汝东．新兴修辞传播学理论［M］．北京：北京大学出版社，2011.

［40］陈燕玲．菲律宾青少年关于中美日国家形象的认知——基于“词语自由联想”测试的分析［J］．当代修辞学，2014（2）.

［41］慈勤英，周冬霞．失独家庭政策“去特殊化”探讨——基于媒介失独家庭社会形象建构的反思［J］．中国人口科学，2015（2）.

[42] 丛莱庭，徐鲁亚．西方修辞学［M］．上海：上海外语教育出版社，2007.

[43] 邓志勇．修辞批评的戏剧主义范式略论［J］．修辞学习，2007（2）．

[44] 邓志勇，胡敏．修辞批评的戏剧主义范式运用举隅——以美国《时代周刊》对拉萨“3·14”打砸抢烧严重暴力犯罪事件的报道为例［J］．毕节学院学报，2012（7）．

[45] 邓志勇，杨永春．美国修辞批评：范式与理论［J］．天津外国语学院学报，2007（3）．

[46] 董小玉，胡杨．新生代农民工的大众媒介形象建构［J］．新闻界，2011（2）．

[47] 段京肃．大众传播学：媒介与人和社会的关系［M］．北京大学出版社，2011.

[48] 窦卫霖，郭书琪．国际传播中国家领导人形象的塑造策略——基于G20成员国政府网站领导人简介的对比研究［J］．现代传播，2014（3）．

[49] 杜洪梅．城郊失地农民的社会角色转换［J］．社会科学，2006（9）．

[50] 杜涛．框中世界：媒介框架理论的起源、争议与发展［M］．北京：知识产权出版社，2014.

[51] 樊小玲．国家形象修辞中的核心话语和支持性话

语——基于H7N9与SARS时期官方媒体报道的分析［J］．当代修辞学，2013（4）．

［52］樊小玲．机构形象传播中主体意识的缺失与重建——“郭美美”事件引发的“红会”危机案例分析［J］．华东师范大学学报（哲学社会科学版），2013（5）．

［53］房红梅．论评价理论对系统功能语言学的发展［J］．现代外语，2014（3）．

［54］冯鸿涛．普通心理学［M］．北京：中国人民公安大学出版社，2006.

［55］甘莅豪．媒介话语分析的认知途径：中美报道南海问题的隐喻建构［J］．国际新闻界，2011（8）．

［56］郭冬梅，张慧珍．行政人员的角色冲突及其伦理调适［J］．河北大学学报（哲学社会科学版），2009（1）．

［57］郭小平．西方媒体对中国的环境形象建构——以《纽约时报》中“气候变化”风险报道（2000—2009）为例［J］．新闻与传播研究，2010（4）．

［58］郭晓科．政治传播教程［M］．北京：法律出版社，2015.

［59］何伟，魏榕．系统功能语言学及物性理论发展综述［J］．北京科技大学学报（社会科学版），2016（1）．

［60］贺雪飞．经济人·文化人·道德人——论广告人的社

会角色及其社会文化责任［J］. 宁波大学学报（人文科学版），2003（4）.

［61］胡范铸，陈佳璇，甘莅豪，周萍. “海量接受”下国家和机构形象修辞研究的方法设计——兼论构建“机构形象修辞学”和“实验修辞学”的可能［J］. 当代修辞学，2013（4）.

［62］胡范铸，胡炯梅，樊小玲. “案例库修辞学”：国家和机构形象修辞研究的一种进路——兼论“面向中亚的跨文化交际案例库”设计的基本思路［J］. 当代修辞学，2014（2）.

［63］胡范铸，薛笙. 作为修辞问题的国家形象传播［J］. 华东师范大学学报（哲学社会科学版），2010（6）.

［64］胡范铸. 幽默语言、谎言、法律语言、机构形象修辞、实验修辞学……研究的逻辑起点——基于“新言语行为分析”的思考［J］. 华东师范大学学报（哲学社会科学版），2015（6）.

［65］胡键. 中国国际角色的转换与国际社会的认知［J］. 现代国际关系，2006（8）.

［66］胡习之. 论修辞效果及其评价［J］. 福建师范大学学报（哲学社会科学版），2010（4）.

［67］胡颖峰. 规训权力与规训社会——福柯权力理论新探［J］. 浙江社会科学，2013（1）.

［68］胡壮麟，朱永生，张德禄，李战子. 系统功能语言学概论［M］. 北京：北京大学出版社，2005.

[69] H省公安厅刑侦局. H省公安厅刑侦局法医学鉴定书 [R/OL]. 2003 (93) http://www.hn.xinhuanet.com/misc/2004-12/07/content_3350170.htm.

[70] 黄敏. 新闻话语中的言语表征研究 [M]. 上海: 华东师范大学出版社, 2012.

[71] 季玲. 情感、身份确认与社会身份的再生产——兼论"东亚共同体"符号的兴起与消退 [D]. 北京: 外交学院国际关系研究所, 2011.

[72] 鞠玉梅. 通过"辞屏"概念透视伯克的语言哲学观 [J]. 现代外语, 2010 (1).

[73] 鞠玉梅. 肯尼斯·伯克新修辞学理论述评——戏剧五位一体理论 [J]. 外语学刊, 2003 (4).

[74] 李华, 蒋华林. 三峡工程外迁移民的社会角色转换 [J]. 河海大学学报 (哲学社会科学版), 2002 (2).

[75] 李克, 王湘云. 修辞批评再认知: 内涵与外延 [J]. 外语教学, 2014 (6).

[76] 李冉. 网络媒介时代中国共产党的形象建构 [J]. 政治学研究, 2012 (6).

[77] 林秉贤. 社会心理学 [M]. 北京: 群众出版社, 1985.

[78] 林静伶. 语艺批评: 理论与实践 [M]. 台北: 五南图

书出版公司，2003.

[79] 林曦. 形象建构的“镜像—溢出”效应——论跨文化形象学的认识论原则 [J]. 厦门大学学报（哲学社会科学版），2013（4）.

[80] 刘佩. “走出去”十年：中国企业海外危机西方媒体话语分析——以甘姆森“诠释包裹”框架理论为分析路径 [J]. 新闻界，2015（11）.

[81] 刘强. 未来中国国际角色定位的战略选择——兼论中国面临的国际战略环境 [J]. 南京政治学院学报，2013（2）.

[82] 刘琼. 媒介话语分析再审视——以甘姆森建构主义为路径 [J]. 新闻与写作，2015（5）.

[83] 刘涛. 新社会运动与气候传播的修辞学理论探究 [J]. 国际新闻界，2013（8）.

[84] 刘亚猛. 西方修辞学史 [M]. 北京：外语教学与研究出版社，2008.

[85] 罗彬. 试论新闻传播活动中的道德推理 [J]. 国际新闻界，2014（2）.

[86] 罗宏涛. 中国运动员传媒形象研究 [D]. 北京：北京体育大学体育传媒系，2013.

[87] 罗以澄，侯迎忠. 新闻记者的角色冲突与道德失范——兼论记者的职业责任与社会责任 [J]. 武汉大学学报（人

文科学版)，2006（2）.

［88］马自力.论中唐文人社会角色的变迁及其特征［J］.陕西师范大学学报（哲学社会科学版)，2005（6）.

［89］孟祥青.论中国的国际角色转换与对外安全战略的基本定位［J］.世界经济与政治，2002（7）.

［90］宁海林.新闻图像在现代传播中的作用研究［M］.北京：人民出版社，2014.

［91］潘忠党.架构分析：一个亟需理论澄清的领域［J］.传播与社会学刊，2006（1）.

［92］彭长桂，吕源.组织正当性的话语建构：谷歌和苹果框架策略的案例分析［J］.管理世界，2014（2）.

［93］彭增安.国际汉语教材中的独生子女形象分析［J］.河南大学学报（社会科学版)，2015（6）.

［94］孙艳艳."女汉子"的符号意义解析——当代青年女性的角色认同与社会基础［J］.中国青年研究，2014（7）.

［95］孙英春.中国国家形象的文化建构［J］.教学与研究，2010（11）.

［96］田秀云.角色伦理的理论维度和实践基础［J］.道德与文明，2012（4）.

［97］王娟，郄艳丽.角色伦理治理方式的证成［J］.道德与文明，2016（1）.

[98] 王敏，杨坤．交互主观性及其在话语中的体现 [J]．外语学刊，2010 (1)．

[99] 王文捷，黄建凤．从海姆斯的 SPEAKING 模式探析口译员跨文化调停者角色 [J]．广西民族大学学报（哲学社会科学版），2010 (6)．

[100] 王阳．小说中人物的社会角色与文本意义的客观性——以川端康成《雪国》中叶子的双重社会角色为例 [J]．汕头大学学报（人文社会科学版），2012 (3)．

[101] 王振华．评价系统及其运作系统功能语言学的新发展 [J]．外国语，2001 (6)．

[102] 温科学．二十世纪美国修辞批评体系 [J]．修辞学习，1999 (5)．

[103] 吴献举，张昆．国家形象：概念、特征及研究路径之再探讨 [J]．现代传播，2016 (1)．

[104] X 市二医院．病理学诊断报告 [R/OL]．2003 (13) http：//www. hn. xinhuanet. com/misc/2004 - 12/07/content _ 3350028. htm.

[105] X 市公安局．尸体检验鉴定书 [R/OL]．2003 (204) http：//www. cnlaw. net/html/1489. html.

[106] 肖好章．意义与语境：交互语境模式构建 [J]．外语与外语教学，2009 (1)．

[107] 谢玉华．地方政府领导者的社会角色与地方保护[J]．社会主义研究，2006（1）．

[108] 杨红梅．高校学报编辑的伦理困境与道德责任[J]．河南社会科学，2013（10）．

[109] 杨丽琼．旅游开发中少数民族妇女社会角色变迁研究——基于大理新华白族旅游村的案例分析[J]．旅游研究，2011（2）．

[110] 杨青，张小娟．男性威权：女性社会角色发展境遇中的善意性别偏见[J]．深圳大学学报（人文社会科学版），2014（4）．

[111] 姚上海．结构化理论视阈下农民工社会角色转型问题研究[J]．学术论坛，2010（8）．

[112] 姚喜明等．西方修辞学简史[M]．上海：上海大学出版社，2009.

[113] 印言蹊．被期待的大国角色——新时期中国国际地位角色探析[J]．国际观察，2015（5）．

[114] 袁行霈．中国诗歌艺术研究[M]．北京：北京大学出版社，1987.

[115] 袁伟华．对外政策分析中的角色理论：概念解释机制与中国—东盟关系的案例[J]．当代亚太，2013（1）．

[116] 袁影，崔淑珍．修辞学“争议点”理论的认知解析与

应用［J］. 外国语言文学，2009（2）.

［117］袁影. 当代西方修辞批评研究：格局与走向［J］. 修辞学习，2007（4）.

［118］袁影. 西塞罗“争议点”系统与博克“戏剧五元”［J］. 当代修辞学，2012（2）.

［119］袁影. 修辞批评新模式构建研究［D］. 上海：上海外国语大学英语学院，2008.

［120］袁影. 中西修辞批评：渊源与特征简论［J］. 福建师范大学学报（哲学社会科学版），2011（6）.

［121］曾庆香. 话语事件：话语表征及其社会巫术的争夺［J］. 新闻与传播研究，2011（1）.

［122］曾庆香，李蔚. 群体性事件：信息传播与政府应对［M］. 北京：中国书籍出版社，2010.

［123］曾毅平. 修辞的民族性与留学生汉语交际的得体性［J］. 华文世界，2010（7）.

［124］张昆，陈雅莉. 东盟英文报章在地缘政治报道中的中国形象建构——以《海峡时报》和《雅加达邮报》报道南海争端为例［J］. 新闻大学，2014（2）.

［125］张丽萍. “我们”与“他们”：社会角色在多元话语中的建构［J］. 外语学刊，2010（3）.

［126］张梅. 分裂的图景：住宅议题新闻的框架研究［M］.

桂林：广西师范大学出版社，2015.

［127］张晓红，梁建东．从“铁姑娘”到“新典范”——中国女性社会角色的历史变迁［J］．思想战线，2008（1）.

［128］张媛．官方媒体中的少数民族形象建构——基于《人民日报》少数民族报道的分析（1979—2010）［J］．国际新闻界，2013（8）.

［129］赵莉华，石坚．叙事学聚焦理论探微［J］．西南民族大学学报（人文社科版），2008（12）.

［130］郑杭生．社会学概论新编［M］．北京：中国人民大学出版社，1987.

［131］中国社会科学院语言研究所词典编辑室编．现代汉语词典（第5版）［M］．北京：商务印书馆，2005.

［132］中国社会科学院语言研究所词典编辑室编．现代汉语词典（第6版）［M］．北京：商务印书馆，2014.

［133］Z大学法医鉴定中心.Z大学司法鉴定书［R/OL］.2003（2016）http：//www. hn. xinhuanet. com/misc/2004－12/07/content_ 3350079. htm.

［134］周裕琼，齐发鹏．策略性框架与框架化机制：乌坎事件中抗争性话语的建构与传播［J］．新闻与传播研究，2014（8）.

［135］朱丹红，黄凌飞．中央电视台东莞扫黄报道的框架分

析 [J]. 兰州大学学报（社会科学版），2014（4）.

[136] G法院司法鉴定中心.G法院司法鉴定书 [R/OL]. 2004（66）http：//www. docin. com/p－665054926. html.

附录一

《关于全面深化新时代教师队伍建设改革的意见》共包括四个话语包，内容依次如下。

社会角色形象建构话语包内容具体如下：

“教师承担着传播知识、传播思想、传播真理的历史使命，肩负着塑造灵魂、塑造生命、塑造人的时代重任，是教育发展的第一资源，是国家富强、民族振兴、人民幸福的重要基石。”

“广大教师牢记使命、不忘初衷，爱岗敬业、教书育人，改革创新、服务社会，做出了重要贡献。”

因果解释话语包具体内容如下：

“为深入贯彻落实党的十九大精神，造就党和人民满意的高素质专业化创新型教师队伍，落实立德树人根本任务，培养德智体美全面发展的社会主义建设者和接班人，全面提升国民素质和人力资源质量，加快教育现代化，建设教育强国，办好人民满意的教育，为决胜全面建成小康社会、夺取新时代中国特色社会主义伟大胜利、实现中华民族伟大复兴的中国梦奠定坚实基础，现就全面深化新时代教师队伍建设改革提出如下意见。”

问题界定话语包具体内容如下：

“当今世界正处在大发展大变革大调整之中，新一轮科技和工业革命正在孕育，新的增长动能不断积聚。中国特色社会主义进入了新时代，开启了全面建设社会主义现代化国家的新征程。我国社会主要矛盾已经转化为人民日益增长的美好生活需要和不平衡不充分的发展之间的矛盾，人民对公平而有质量的教育的向往更加迫切。面对新方位、新征程、新使命，教师队伍建设还不能完全适应。有的地方对教育和教师工作重视不够，在教育事业发展中重硬件轻软件、重外延轻内涵的现象还比较突出，对教师队伍建设的支持力度亟须加大；师范教育体系有所削弱，对师范院校支持不够；有的教师素质能力难以适应新时代人才培养需要，思想政治素质和师德水平需要提升，专业化水平需要提高；教师特别是中小学教师职业吸引力不足，地位待遇有待提高；教师城乡结构、学科结构分布不尽合理，准入、招聘、交流、退出等机制还不够完善，管理体制机制亟须理顺。时代越是向前，知识和人才的重要性就愈发突出，教育和教师的地位和作用就愈发凸显。”

处理建议话语包具体内容如下：

“各级党委和政府要从战略和全局高度充分认识教师工作的极端重要性，把全面加强教师队伍建设作为一项重大政治任务和根本性民生工程切实抓紧抓好。"

"全面贯彻落实党的十九大精神，以习近平新时代中国特色社会主义思想为指导，紧紧围绕统筹推进'五位一体'总体布局和协调推进'四个全面'战略布局，坚持和加强党的全面领导，坚持以人民为中心的发展思想，坚持全面深化改革，牢固树立新发展理念，全面贯彻党的教育方针，坚持社会主义办学方向，落实立德树人根本任务，遵循教育规律和教师成长发展规律，加强师德师风建设，培养高素质教师队伍，倡导全社会尊师重教，形成优秀人才争相从教、教师人人尽展其才、好教师不断涌现的良好局面。"

"确保方向。坚持党管干部、党管人才，坚持依法治教、依法执教，坚持严格管理监督与激励关怀相结合，充分发挥党委（党组）的领导和把关作用，确保党牢牢掌握教师队伍建设的领导权，保证教师队伍建设正确的政治方向。"

"强化保障。坚持教育优先发展战略，把教师工作置于教育事业发展的重点支持战略领域，优先谋划教师工作，优先保障教师工作投入，优先满足教师队伍建设需要。"

"突出师德。把提高教师思想政治素质和职业道德水平摆在首要位置，把社会主义核心价值观贯穿教书育人全过程，突出全员全方位全过程师德养成，推动教师成为先进思想文化的传播者、党执政的坚定支持者、学生健康成长的指导者。"

"深化改革。抓住关键环节，优化顶层设计，推动实践探索，破解发展瓶颈，把管理体制改革与机制创新作为突破口，把提高教师地位待遇作为真招实招，增强教师职业吸引力。”

“分类施策。立足我国国情，借鉴国际经验，根据各级各类教师的不同特点和发展实际，考虑区域、城乡、校际差异，采取有针对性的政策举措，定向发力，重视专业发展，培养一批教师；加大资源供给，补充一批教师；创新体制机制，激活一批教师；优化队伍结构，调配一批教师。”

“经过5年左右努力，教师培养培训体系基本健全，职业发展通道比较畅通，事权人权财权相统一的教师管理体制普遍建立，待遇提升保障机制更加完善，教师职业吸引力明显增强。教师队伍规模、结构、素质能力基本满足各级各类教育发展需要。”

“到2035年，教师综合素质、专业化水平和创新能力大幅提升，培养造就数以百万计的骨干教师、数以十万计的卓越教师、数以万计的教育家型教师。教师管理体制机制科学高效，实现教师队伍治理体系和治理能力现代化。教师主动适应信息化、人工智能等新技术变革，积极有效开展教育教学。尊师重教蔚然成风，广大教师在岗位上有幸福感、事业上有成就感、社会上有荣誉感，教师成为让人羡慕的职业。”

“加强教师党支部和党员队伍建设。将全面从严治党要求落实到每个教师党支部和教师党员，把党的政治建设摆在首位，用习近平新时代中国特色社会主义思想武装头脑，充分发挥教师党支部教育管理监督党员和宣传引导凝聚师生的战斗堡垒作用，充分发挥党员教师的先锋模范作用。选优配强教师党支部书记，注重选拔党性强、业务精、有威信、肯奉献的优秀党员教师担任教师党支部书记，实施教师党支部书记‘双带头人’培育工程，定期开展教师党支部书记轮训。坚持党的组织生活各项制度，创新方式方法，增强党的组织生活活力。健全主题党日活动制度，加强党员教师日常管理监督。推进‘两学一做’学习教育常态化制度化，开展‘不忘初心、牢记使命’主题教育，引导党员教师增强政治意识、大局意识、核心意识、看齐意识，自觉爱党护党为党，敬业修德，奉献社会，争做‘四有’好教师的示范标杆。重视做好在优秀青年教师、海外留学归国教师中发展党员工作。健全把骨干教师培养成党员，把党员教师培养成教学、科研、管理骨干的‘双培养’机制。”

“配齐建强高等学校思想政治工作队伍和党务工作队伍，完善选拔、培养、激励机制，形成一支专职为主、专兼结合、数量充足、素质优良的工作力量。把从事学生思想政治教育计入高等学校思想政治工作兼职教师的工作量，作为职称评审的重要依据，进一步增强开展思想政治工作的积极性和主动性。”

“提高思想政治素质。加强理想信念教育，深入学习领会习近平新时代中国特色社会主义思想，引导教师树立正确的历史观、民族观、国家观、文化观，坚定中国特色社会主义道路自信、理论自信、制度自信、文化自信。引导教师准确理解和把握社会主义核心价值观的深刻内涵，增强价值判断、选择、塑造能力，带头践行社会主义核心价值观。引导广大教师充分认识中国教育辉煌成就，扎根中国大地，办好中国教育。”

“加强中华优秀传统文化和革命文化、社会主义先进文化教育，弘扬爱国主义精神，引导广大教师热爱祖国、奉献祖国。创新教师思想政治工作方式方法，开辟思想政治教育新阵地，利用思想政治教育新载体，强化教师社会实践参与，推动教师充分了解党情、国情、社情、民情，增强思想政治工作的针对性和实效性。要着眼青年教师群体特点，有针对性地加强思想政治教育。落实党的知识分子政策，政治上充分信任，思想上主动引导，工作上创造条件，生活上关心照顾，使思想政治工作接地气、入人心。”

“弘扬高尚师德。健全师德建设长效机制，推动师德建设常态化长效化，创新师德教育，完善师德规范，引导广大教师以德立身、以德立学、以德施教、以德育德，坚持教书与育人相统一、言传与身教相统一、潜心问道与关注社会相统一、学术自由与学术规范相统一，争做‘四有’好教师，全心全意做学生锤炼品格、学习知识、创新思维、奉献祖国的引路人。”

“实施师德师风建设工程。开展教师宣传国家重大题材作品立项，推出一批让人喜闻乐见、能够产生广泛影响、展现教师时代风貌的影视作品和文学作品，发掘师德典型、讲好师德故事，加强引领，注重感召，弘扬楷模，形成强大正能量。注重加强对教师思想政治素质、师德师风等的监察监督，强化师德考评，体现奖优罚劣，推行师德考核负面清单制度，建立教师个人信用记录，完善诚信承诺和失信惩戒机制，着力解决师德失范、学术不端等问题。”

“加大对师范院校支持力度。实施教师教育振兴行动计划，建立以师范院校为主体、高水平非师范院校参与的中国特色师范教育体系，推进地方政府、高等学校、中小学‘三位一体’协同育人。研究制定师范院校建设标准和师范类专业办学标准，重点建设一批师范教育基地，整体提升师范院校和师范专业办学水平。鼓励各地结合实际，适时提高师范专业生均拨款标准，提升师范教育保障水平。切实提高生源质量，对符合相关政策规定的，采取到岗退费或公费培养、定向培养等方式，吸引优秀青年踊跃报考师范院校和师范专业。完善教育部直属师范大学师范生公费教育政策，履约任教服务期调整为 6 年。改革招生制度，鼓励部分办学条件好、教学质量高院校的师范专业实行提前批次录取或采取入校后二次选拔方式，选拔有志于从教的优秀学生进入师范专业。加强教师教育学科建设。教育硕士、教育博士授予单位及授权点向师范院校倾斜。强化教师教育师资队伍建设，在专业发展、职称晋升和岗位聘用等方面予以倾斜支持。师范院校评估要体现师范教育特色，确保师范院校坚持以师范教育为主业，严控师范院校更名为非师范院校。开展师范类专业认证，确保教师培养质量。”

“支持高水平综合大学开展教师教育。创造条件，推动一批有基础的高水平综合大学成立教师教育学院，设立师范专业，积极参与基础教育、职业教育教师培养培训工作。整合优势学科的学术力量，凝聚高水平的教学团队。发挥专业优势，开设厚基础、宽口径、多样化的教师教育课程。创新教师培养形态，突出教师教育特色，重点培养教育硕士，适度培养教育博士，造就学科知识扎实、专业能力突出、教育情怀深厚的高素质复合型教师。”

“全面提高中小学教师质量，建设一支高素质专业化的教师队伍。提高教师培养层次，提升教师培养质量。推进教师培养供给侧结构性改革，为义务教育学校侧重培养素质全面、业务见长的本科层次教师，为高中阶段教育学校侧重培养专业突出、底蕴深厚的研究生层次教师。大力推动研究生层次教师培养，增加教育硕士招生计划，向中西部地区和农村地区倾斜。根据基础教育改革发展需要，以实践为导向优化教师教育课程体系，强化‘钢笔字、毛笔字、粉笔字和普通话’等教学基本功和教学技能训练，师范生教育实践不少于半年。加强紧缺薄弱学科教师、特殊教育教师和民族地区双语教师培养。开展中小学教师全员培训，促进教师终身学习和专业发展。转变培训方式，推动信息技术与教师培训的有机融合，实行线上线下相结合的混合式研修。改进培训内容，紧密结合教育教学一线实际，组织高质量培训，使教师静心钻研教学，切实提升教学水平。推行培训自主选学，实行培训学分管理，建立培训学分银行，搭建教师培训与学历教育衔接的‘立交桥’。建立健全地方教师发展机构和专业培训者队伍，依托现有资源，结合各地实际，逐步推进县级教师发展机构建设与改革，实现培训、教研、电教、科研部门有机整合。继续实施教师国培计划。鼓励教师海外研修访学。”

“加强中小学校长队伍建设，努力造就一支政治过硬、品德高尚、业务精湛、治校有方的校长队伍。面向全体中小学校长，加大培训力度，提升校长办学治校能力，打造高品质学校。实施校长国培计划，重点开展乡村中小学骨干校长培训和名校长研修。支持教师和校长大胆探索，创新教育思想、教育模式、教育方法，形成教学特色和办学风格，营造教育家脱颖而出的制度环境。”

“全面提高幼儿园教师质量，建设一支高素质善保教的教师队伍。办好一批幼儿师范专科学校和若干所幼儿师范学院，支持师范院校设立学前教育专业，培养热爱学前教育事业，幼儿为本、才艺兼备、擅长保教的高水平幼儿园教师。创新幼儿园教师培养模式，前移培养起点，大力培养初中毕业起点的五年制专科层次幼儿园教师。优化幼儿园教师培养课程体系，突出保教融合，科学开设儿童发展、保育活动、教育活动类课程，强化实践性课程，培养学前教育师范生综合能力。”

“建立幼儿园教师全员培训制度，切实提升幼儿园教师科学保教能力。加大幼儿园园长、乡村幼儿园教师、普惠性民办幼儿园教师的培训力度。创新幼儿园教师培训模式，依托高等学校和优质幼儿园，重点采取集中培训与跟岗实践相结合的方式培训幼儿园教师。鼓励师范院校与幼儿园协同建立幼儿园教师培养培训基地。”

“全面提高职业院校教师质量，建设一支高素质双师型的教师队伍。继续实施职业院校教师素质提高计划，引领带动各地建立一支技艺精湛、专兼结合的双师型教师队伍。加强职业技术师范院校建设，支持高水平学校和大中型企业共建双师型教师培养培训基地，建立高等学校、行业企业联合培养双师型教师的机制。切实推进职业院校教师定期到企业实践，不断提升实践教学能力。建立企业经营管理者、技术能手与职业院校管理者、骨干教师相互兼职制度。”

“全面提高高等学校教师质量，建设一支高素质创新型的教师队伍。着力提高教师专业能力，推进高等教育内涵式发展。搭建校级教师发展平台，组织研修活动，开展教学研究与指导，推进教学改革与创新。加强院系教研室等学习共同体建设，建立完善传帮带机制。全面开展高等学校教师教学能力提升培训，重点面向新入职教师和青年教师，为高等学校培养人才培育生力军。重视各级各类学校辅导员专业发展。结合‘一带一路’建设和人文交流机制，有序推动国内外教师双向交流。支持孔子学院教师、援外教师成长发展。”

“服务创新型国家和人才强国建设、世界一流大学和一流学科建设，实施好千人计划、万人计划、长江学者奖励计划等重大人才项目，着力打造创新团队，培养引进一批具有国际影响力的学科领军人才和青年学术英才。加强高端智库建设，依托人文社会科学重点研究基地等，汇聚培养一大批哲学社会科学名家名师。高等学校高层次人才遴选和培育中要突出教书育人，让科学家同时成为教育家。”

“创新和规范中小学教师编制配备。适应加快推进教育现代化的紧迫需求和城乡教育一体化发展改革的新形势，充分考虑新型城镇化、全面二孩政策及高考改革等带来的新情况，根据教育发展需要，在现有编制总量内，统筹考虑、合理核定教职工编制，盘活事业编制存量，优化编制结构，向教师队伍倾斜，采取多种形式增加教师总量，优先保障教育发展需要。落实城乡统一的中小学教职工编制标准，有条件的地方出台公办幼儿园人员配备规范、特殊教育学校教职工编制标准。创新编制管理，加大教职工编制统筹配置和跨区域调整力度，省级统筹、市域调剂、以县为主，动态调配。编制向乡村小规模学校倾斜，按照班师比与生师比相结合的方式核定。加强和规范中小学教职工编制管理，严禁挤占、挪用、截留编制和有编不补。实行教师编制配备和购买工勤服务相结合，满足教育快速发展需求。”

“优化义务教育教师资源配置。实行义务教育教师‘县管校聘’。深入推进县域内义务教育学校教师、校长交流轮岗，实行教师聘期制、校长任期制管理，推动城镇优秀教师、校长向乡村学校、薄弱学校流动。实行学区（乡镇）内走教制度，地方政府可根据实际给予相应补贴。”

“逐步扩大农村教师特岗计划实施规模，适时提高特岗教师工资性补助标准。鼓励优秀特岗教师攻读教育硕士。鼓励地方政府和相关院校因地制宜采取定向招生、定向培养、定期服务等方式，为乡村学校及教学点培养‘一专多能’教师，优先满足老少边穷地区教师补充需要。实施银龄讲学计划，鼓励支持乐于奉献、身体健康的退休优秀教师到乡村和基层学校支教讲学。”

“完善中小学教师准入和招聘制度。完善教师资格考试政策，逐步将修习教师教育课程、参加教育教学实践作为认定教育教学能力、取得教师资格的必备条件。新入职教师必须取得教师资格。严格教师准入，提高入职标准，重视思想政治素质和业务能力，根据教育行业特点，分区域规划，分类别指导，结合实际，逐步将幼儿园教师学历提升至专科，小学教师学历提升至师范专业专科和非师范专业本科，初中教师学历提升至本科，有条件的地方将普通高中教师学历提升至研究生。建立符合教育行业特点的中小学、幼儿园教师招聘办法，遴选乐教适教善教的优秀人才进入教师队伍。按照中小学校领导人员管理暂行办法，明确任职条件和资格，规范选拔任用工作，激发办学治校活力。”

“深化中小学教师职称和考核评价制度改革。适当提高中小学中级、高级教师岗位比例，畅通教师职业发展通道。完善符合中小学特点的岗位管理制度，实现职称与教师聘用衔接。将中小学教师到乡村学校、薄弱学校任教 1 年以上的经历作为申报高级教师职称和特级教师的必要条件。推行中小学校长职级制改革，拓展职业发展空间，促进校长队伍专业化建设。”

“进一步完善职称评价标准，建立符合中小学教师岗位特点的考核评价指标体系，坚持德才兼备、全面考核，突出教育教学实绩，引导教师潜心教书育人。加强聘后管理，激发教师的工作活力。完善相关政策，防止形式主义的考核检查干扰正常教学。不简单用升学率、学生考试成绩等评价教师。实行定期注册制度，建立完善教师退出机制，提升教师队伍整体活力。加强中小学校长考核评价，督促提高素质能力，完善优胜劣汰机制。”

“健全职业院校教师管理制度。根据职业教育特点，有条件的地方研究制定中等职业学校人员配备规范。完善职业院校教师资格标准，探索将行业企业从业经历作为认定教育教学能力、取得专业课教师资格的必要条件。落实职业院校用人自主权，完善教师招聘办法。推动固定岗和流动岗相结合的职业院校教师人事管理制度改革。支持职业院校专设流动岗位，适应产业发展和参与全球产业竞争需求，大力引进行业企业一流人才，吸引具有创新实践经验的企业家、高科技人才、高技能人才等兼职任教。完善职业院校教师考核评价制度，双师型教师考核评价要充分体现技能水平和专业教学能力。”

“深化高等学校教师人事制度改革。积极探索实行高等学校人员总量管理。严把高等学校教师选聘入口关，实行思想政治素质和业务能力双重考察。严格教师职业准入，将新入职教师岗前培训和教育实习作为认定教育教学能力、取得高等学校教师资格的必备条件。适应人才培养结构调整需要，优化高等学校教师结构，鼓励高等学校加大聘用具有其他学校学习工作和行业企业工作经历教师的力度。配合外国人永久居留制度改革，健全外籍教师资格认证、服务管理等制度。帮助高等学校青年教师解决住房等困难。”

“推动高等学校教师职称制度改革，将评审权直接下放至高等学校，由高等学校自主组织职称评审、自主评价、按岗聘任。条件不具备、尚不能独立组织评审的高等学校，可采取联合评审的方式。推行高等学校教师职务聘任制改革，加强聘期考核，准聘与长聘相结合，做到能上能下、能进能出。教育、人力资源社会保障等部门要加强职称评聘事中事后监管。深入推进高等学校教师考核评价制度改革，突出教育教学业绩和师德考核，将教授为本科生上课作为基本制度。坚持正确导向，规范高层次人才合理有序流动。”

“明确教师的特别重要地位。突显教师职业的公共属性，强化教师承担的国家使命和公共教育服务的职责，确立公办中小学教师作为国家公职人员特殊的法律地位，明确中小学教师的权利和义务，强化保障和管理。各级党委和政府要切实负起中小学教师保障责任，提升教师的政治地位、社会地位、职业地位，吸引和稳定优秀人才从教。公办中小学教师要切实履行作为国家公职人员的义务，强化国家责任、政治责任、社会责任和教育责任。”

“完善中小学教师待遇保障机制。健全中小学教师工资长效联动机制，核定绩效工资总量时统筹考虑当地公务员实际收入水平，确保中小学教师平均工资收入水平不低于或高于当地公务员平均工资收入水平。完善教师收入分配激励机制，有效体现教师工作量和工作绩效，绩效工资分配向班主任和特殊教育教师倾斜。实行中小学校长职级制的地区，根据实际实施相应的校长收入分配办法。”

“大力提升乡村教师待遇。深入实施乡村教师支持计划，关心乡村教师生活。认真落实艰苦边远地区津贴等政策，全面落实集中连片特困地区乡村教师生活补助政策，依据学校艰苦边远程度实行差别化补助，鼓励有条件的地方提高补助标准，努力惠及更多乡村教师。加强乡村教师周转宿舍建设，按规定将符合条件的教师纳入当地住房保障范围，让乡村教师住有所居。拿出务实举措，帮助乡村青年教师解决困难，关心乡村青年教师工作生活，巩固乡村青年教师队伍。在培训、职称评聘、表彰奖励等方面向乡村青年教师倾斜，优化乡村青年教师发展环境，加快乡村青年教师成长步伐。为乡村教师配备相应设施，丰富精神文化生活。”

“维护民办学校教师权益。完善学校、个人、政府合理分担的民办学校教师社会保障机制，民办学校应与教师依法签订合同，按时足额支付工资，保障其福利待遇和其他合法权益，并为教师足额缴纳社会保险费和住房公积金。依法保障和落实民办学校教师在业务培训、职务聘任、教龄和工龄计算、表彰奖励、科研立项等方面享有与公办学校教师同等权利。”

“推进高等学校教师薪酬制度改革。建立体现以增加知识价值为导向的收入分配机制，扩大高等学校收入分配自主权，高等学校在核定的绩效工资总量内自主确定收入分配办法。高等学校教师依法取得的科技成果转化奖励收入，不纳入本单位工资总额基数。完善适应高等学校教学岗位特点的内部激励机制，对专职从事教学的人员，适当提高基础性绩效工资在绩效工资中的比重，加大对教学型名师的岗位激励力度。"

"提升教师社会地位。加大教师表彰力度。大力宣传教师中的'时代楷模'和'最美教师'。开展国家级教学名师、国家级教学成果奖评选表彰，重点奖励贡献突出的教学一线教师。做好特级教师评选，发挥引领作用。做好乡村学校从教 30 年教师荣誉证书颁发工作。各地要按照国家有关规定，因地制宜开展多种形式的教师表彰奖励活动，并落实相关优待政策。鼓励社会团体、企事业单位、民间组织对教师出资奖励，开展尊师活动，营造尊师重教良好社会风尚。"

"建设现代学校制度，体现以人为本，突出教师主体地位，落实教师知情权、参与权、表达权、监督权。建立健全教职工代表大会制度，保障教师参与学校决策的民主权利。推行中国特色大学章程，坚持和完善党委领导下的校长负责制，充分发挥教师在高等学校办学治校中的作用。维护教师职业尊严和合法权益，关心教师身心健康，克服职业倦怠，激发工作热情。"

"强化组织保障。各级党委和政府要满腔热情关心教师，充分信任、紧紧依靠广大教师。要切实加强领导，实行一把手负责制，紧扣广大教师最关心、最直接、最现实的重大问题，找准教师队伍建设的突破口和着力点，坚持发展抓公平、改革抓机制、整体抓质量、安全抓责任、保证抓党建，把教师工作记在心里、扛在肩上、抓在手中，摆上重要议事日程，细化分工，确定路线图、任务书、时间表和责任人。主要负责同志和相关责任人要切实做到实事求是、求真务实，善始善终、善作善成，把准方向、敢于担当，亲力亲为、抓实工作。”

“各省、自治区、直辖市党委常委会每年至少研究一次教师队伍建设工作。建立教师工作联席会议制度，解决教师队伍建设重大问题。相关部门要制定切实提高教师待遇的具体措施。研究修订教师法。统筹现有资源，壮大全国教师工作力量，培育一批专业机构，专门研究教师队伍建设重大问题，为重大决策提供支撑。”

“强化经费保障。各级政府要将教师队伍建设作为教育投入重点予以优先保障，完善支出保障机制，确保党和国家关于教师队伍建设重大决策部署落实到位。优化经费投入结构，优先支持教师队伍建设最薄弱、最紧迫的领域，重点用于按规定提高教师待遇保障、提升教师专业素质能力。加大师范教育投入力度。健全以政府投入为主、多渠道筹集教育经费的体制，充分调动社会力量投入教师队伍建设的积极性。制定严格的经费监管制度，规范经费使用，确保资金使用效益。”

“各级党委和政府要将教师队伍建设列入督查督导工作重点内容，并将结果作为党政领导班子和有关领导干部综合考核评价、奖惩任免的重要参考，确保各项政策措施全面落实到位，真正取得实效。”

附录二

X 市公安局〔2003〕第 204 号《尸体检验鉴定书》中仅包括社会角色形象建构话语包，具体内容如下：

“身有棉被。”

“双下肢腘窝部见小片状擦伤痕……左腘窝部见 5cm × 5cm 大小点片状挫擦伤痕，伴皮下出血，右腘窝部见 6cm × 7cm 范围挫擦伤，伴表皮剥落。”

“会阴部干净，处女膜完整，无破裂现象。”

“双侧肺呈肿胀饱满，有明显捻发感，切面见大量泡沫液流出。”

“右肺上叶下部部分与膈面有粘连。”

“心脏大于死者本人拳状举，表面脂肪较多。”

“心尖部及左右室后壁散见多处针尖状出血点，位于右心室后壁近室间隔部有一 2cm × 2. 5cm 大小暗红区，剖开心脏：位于右心室近三尖瓣处有一 3cm × 1.5cm × 0.3cm 大小附壁血栓，主动脉根部冠状动脉口处有一 2.8cm × 0.3cm 大小条状血栓，部分位于冠状动脉内，在冠状口两侧部见一 3cm × 0.4cm 范围的浅黄色粥样硬化斑。”

附录三

《X市二医院0013号病理学诊断报告》共包括如下三个话语包。

社会角色形象建构话语包具体内容如下：

“左室内游离混合血栓约3cm×2cm×0.3cm大小，左冠脉内见凝血块……肌纤维间散在稀少慢性炎症细胞浸润……有处血管周见可疑纤维化肉芽肿结构。”

“区域性血管扩张充血……心外膜内小动脉变性，灶性内皮缺损……左冠动脉管壁内膜增厚，空泡变性，灶性内皮缺损……二尖瓣局部变性，炎症细胞浸润。左心房内膜增厚、胶原化。”

“请查询既往有无风湿病史，不排除风湿性心脏病。”

“主动脉起始部见灰黄脂纹，光镜见内皮下泡沫细胞增生伴慢性炎症细胞浸润，符合主动脉粥样硬化（早期）……光镜下见急性肺水肿，肺泡腔内见少数心衰细胞。”

“肺间质充血，灶性出血。”

因果解释话语包具体内容如下：

“经检验，符合主动脉粥样硬化的病理特征。”

“病理特征均符合风湿性心脏病病理特征，说明死者生前患有风心病和冠心病。认为死者××系患风心病、冠心病急性发作，在未及时有效的抢救措施情况下，可导致急性心功能衰竭和急性肺水肿而猝死。”

问题界定话语包具体内容如下：

“死者××系患心脏疾病急性发作导致急性心、肺功能衰竭而猝死。”

附录四

《H省公安厅刑侦局〔2003〕第093号法医鉴定书》共包括如下三个话语包。

与死因鉴定直接有关的社会角色形象建构话语包具体内容如下：

“肺：……镜下高度淤血、水肿，有出血，肺泡隔坏死，在水肿液与血液中散在较多腐败菌菌落……灶性出血。”

“心：……二尖瓣轻度增厚，黏液变性，纤维轻度增生……心肌纤维轻度变性，少数间质与血管周围轻纤维素样变性……冠状动脉内膜水肿……纤维增生……考虑冠状动脉轻度风湿性动脉炎，结合尸检所见，伴有轻度冠状动脉粥样硬化。主动脉轻微粥样硬化。示有轻度风湿性心脏病，轻度风湿性心内膜炎、心肌炎与冠状动脉炎，轻度冠心病，主动脉轻微粥样硬化。”

因果解释话语包具体内容如下：

“肺组织有楔形出血区……镜下高度淤血、水肿，有出血，肺泡隔坏死，在水肿液与血液中散在较多腐败菌菌落，这是肺动脉栓塞引起的肺梗死的表现，可以造成急性心力衰竭与呼吸衰竭引起猝死。”

问题界定话语包具体内容如下：

“××因肺梗死引起急性心力衰竭与呼吸衰竭而死亡。”

附录五

《N大学法医司法鉴定所书证审查意见书》（N医鉴〔2003〕书审字第16号，2003年7月3日）共包括如下四个话语包：

与死因鉴定直接有关的社会角色形象建构话语包具体内容如下：

“冬季、卧床裸体女尸、上盖棉被呈非自然体态，床边有男朋友的精斑，身上有自己难以形成的损伤。”

因果解释话语包具体内容如下：

“市公安局鉴定死者系患风心病、冠心病死亡，省公安厅鉴定死者系肺梗死导致死亡。我们认为理由均不充分：

1. 急性期风心病的典型病理改变是在心脏间质散在出现阿少夫细胞（Aschoff cell）及阿少夫小体。而本例仅在首次检验时发现：‘有处血管周见可疑纤维化肉芽结构’，单凭可疑病变就作出风心病的肯定结论欠妥，更不宜将死因归结为风心病急性发作而猝死。

2. 死者为不足 21 的女性，二次尸检和病理分别描述‘冠脉口两侧部见一 3 ×0.4cm 范围的浅黄色粥样硬化斑’，‘符合动脉粥样硬化（早期）’。另外，主动脉起始部出现灰黄脂纹，泡沫细胞增生，仅此轻微的血管病变不宜认定为黄静患有冠心病以致猝死。

3. 首次尸检时，在‘右心室近三尖瓣处有一 3 ×1.5 ×0.3cm 大小附壁血栓，主动脉根部冠状动脉口处有一 2.8 ×0.3cm 大小条状血栓’，而 X 市二院病理检查时，并没有发现右心室的‘附壁血栓’，只在左室内发现游离混合血检。上述‘血栓’均没有镜下的形态学描述。仅凭肉眼所见就贸然作出‘血栓’的诊断根据不足。

首次尸检时，未发现肺栓塞，复检时，从 3 坨实变的肺组织中之一见到楔形出血区，面积为 6 ×3cm，镜下见到肺出血、肺泡隔坏死等改变，充其量只能诊断‘灶性肺出血’。由于肺具有肺动脉和支气管动脉双重血液供应，代偿能力很强，因此，即使有肺动脉小分支的栓塞不会立即发生猝死。从临床分析，由肺栓塞到肺梗死要经过一定的时间过程，且有明显呼吸系统病症的表现。”

问题界定话语包具体内容如下：

“前后二次尸检，对于体表损伤的描述是不尽相同的，第二次尸检的描述较为详细具体。对于双下肢损伤，认为‘系生前损伤，符合他人形成’，但对致伤机制未作分析。”

“对胃内容及胃壁组织未检出毒鼠强，而未作出血液和肝、肾等主要脏器的毒物分析，只能说明死者不是口服毒鼠强中毒死亡，而不能排除其它毒物中毒和其它途径中毒的可能。”

“死者属非正常死亡，因风心病、冠心病或肺梗死猝死的根据不足。”

处理建议话语包具体内容如下：

“××死亡的发生与其男友的关系有待排除。尸体有进一步检查的必要。”

附录六

《Z大学司法鉴定书》共包括如下三个话语包。

形象建构话语包内容具体如下：

“尸体呈高度腐败状，全身皮肤可见腐败性表皮剥落及腐败气泡、霉菌斑形成……容貌不可辨认。”

“颈部皮肤腐败……肺组织已高度腐败……大部分肝脏留于原位，呈高度腐败，质地如泥……各肠段腐败。”

“冠状动脉管腔通畅，未见血栓形成……心肌间质未见明显炎细胞浸润，未见风湿小体形成和纤维组织增多，心内膜未见明显增厚……未见风湿性心脏病、冠状动脉粥样硬化性心脏病、肺梗死的病理改变。”

因果解释话语包具体内容如下：

“从现有的鉴定材料（X市二医院的0013号病理切片及X医院的××组织病理切片、第一次解剖提取的心、肺、脑、肝、肾、脾等××组织块、本次对上述组织块的重新取材切片）观察，未见风湿性心脏病、冠状动脉粥样硬化性心脏病、肺梗死的病理改变。”

问题界定话语包具体内容如下：

“××因风湿性心脏病、冠状动脉粥样硬化性心脏病、肺梗死致死缺乏证据。”

附录七

《G法院司法鉴定中心〔2004〕第066号法医学鉴定书》包含如下两个话语包。

与死因鉴定直接有关的社会角色形象建构话语包具体内容如下：

“心外膜下见局灶性出血，心肌浅层内见脂肪组织。”

“冠状动脉内膜内轻度增厚，部分心肌纤维波浪样改变，部分区域心肌纤维断裂，心肌间质纤维增生，有些区域心肌纤维出现明显的排列紊乱现象，可见散在小灶性心肌细胞萎缩、数量减少及局灶性纤维增生，心肌间质部分小血管周围轻度结缔组织增生，心内膜未见纤维组织增生、变厚，心腔内血块物质呈分层结构状，未见血栓组织学特点，为死后凝血块。”

“肺被膜下小血管扩张，淤血。肺泡壁毛细血管及间质血管高度扩张，淤血，肺泡壁增宽，绝大部分肺泡腔内充满粉染、均质的水肿液，部分肺泡壁内水肿液中见圆形空气泡。肺泡腔内未见成簇的载有含铁血黄素之细胞，肺泡壁及肺泡腔内未见炎症细胞，可见片灶状肺泡腔内出血，肺泡壁未见透明膜形成，肺组织内未见梗死性病理改变。部分区域可见代偿性肺气肿，偶见小支气管周围少量淋巴细胞。”

“睡眠中××出现口吐白沫、抽搐症状。”

“尸体检验见被鉴定人双手指甲紫绀，心尖部及左右室后壁散在多处针尖状出血点；病理学检查示肺组织明显淤血水肿及局灶性出血，心内膜及外膜部分区域小灶性出血、各脏器小血管存在明显淤血表现。提示被鉴定人死亡前存在急性肺水肿和明显的缺氧状态。”

“复读送检病理切片见心肌组织存在一定的病变，表现为心肌内出现部分脂肪细胞浸润，部分心肌纤维被分隔、部分心肌纤维形成排列紊乱状，散在小灶性心肌细胞萎缩、数量减少及局灶性纤维增生。这些镜下所见提示被鉴定人生前心脏存在某种程度的潜在性病理性改变。镜下观察证实心腔内血块物质为死后凝块，未见冠状动脉性心脏病、风湿性心脏病以及肺梗死的病理学改变。”

问题界定话语包具体内容如下：

“被鉴定人在潜在病理改变的基础下，因×××采用较特殊方式进行的性活动促发死亡。”

后　记

本书是我主持的广东省普通高校青年创新人才类项目（2018WQNCX182）以及东莞理工学院科研启动专项经费项目（GC300501－151）的阶段性成果。在本书即将付梓之际，心中充满了感动与感激，首先要感谢我的导师曾毅平教授。曾老师是我在学术上的领路人，他不仅教会了我很多的理论和方法，而且教会了我发现问题和思考问题的方式。他对待学术的热忱和严谨以及对待学生的热情和真诚都深深地感染了我，是我一生的榜样。感谢九州出版社周小尧老师为本书的辛勤工作，感谢所有为本书的顺利出版提供了帮助的人，另外还要衷心地感谢多年来一直关爱和支持我的亲人，家人是我一生的挚爱。

韩健

2020 年 10 月于松山湖畔